EDUCACIÓN SUPERIOR EN PERSPECTIVA COMPARADA Y REGIONAL

EDUCACIÓN SUPERIOR EN PERSPECTIVA COMPARADA Y REGIONAL

Maria Carla Corrochano, Adriana Marrero y Analía Otero
(Compiladoras)

teseo

FLACSO
ARGENTINA

UNIVERSIDAD
DE LA REPÚBLICA
URUGUAY

ufscar

Educación Superior en perspectiva comparada y regional / Analía Otero ... [et al.] ; compilado por Maria Carla Corrochano ; Analía Otero. - 1a ed . - Ciudad Autónoma de Buenos Aires : Teseo, 2015. 200 p. ; 20 x 13 cm.

ISBN 978-987-723-055-0

1. Educación. 2. Política. 3. Mercosur. I. Otero, Analía II. Corrochano, Maria Carla , comp. III. Otero, Analía , comp.

CDD 378

La publicación de este libro ha sido financiada con el apoyo de la Secretaría de Políticas Universitarias SUP, en el marco del programa de Internacionalización de la Educación Superior y Cooperación Internacional, Núcleo de Estudios e Investigaciones en Educación Superior del Sector Educativo del MERCOSUR – Comisión Regional Coordinadora de Educación Superior.

ISBN: 9789877230550

Índice

Introducción

Las páginas que siguen son el resultado del esfuerzo de la organización y concreción del desarrollo de dos jornadas de trabajo intenso, durante las que se realizó el Seminario Internacional *Educación Superior en perspectiva comparada regional,* en la Sede Argentina de la Facultad Latinoamericana de Ciencias Sociales (FLACSO), durante el 25 y 26 de setiembre de 2014 en Buenos Aires. El evento contó con la participación de panelistas que trabajan tanto en el ámbito académico como de gestión en el campo de la Educación Superior a nivel nacional e internacional.

La actividad se desarrolló en el auditorio de FLACSO Argentina, en tanto sede institucional del Proyecto *Buenas prácticas en Educación Superior: un estudio comparado con IES de Argentina, Brasil y Uruguay, miembros plenos del MERCOSUR,* (2013-2015); que es parte del Programa de Internacionalización de la Educación Superior y Cooperación Internacional, Núcleo de Estudios e Investigaciones en Educación Superior del Sector Educativo del MERCOSUR. Este Proyecto fue desarrollado por equipos de investigación de FLACSO, sede académica Argentina; Universidade Federal de São Carlos, Brasil (UFSCar) y Universidad de la República Oriental del Uruguay (Udelar). El equipo de trabajo se conformó con miembros de cada uno de los países participantes, en Argentina, la coordinación estuvo a cargo de la Analía Otero (CONICET/FLACSO) y como asistente el Dr. Marcelo Grigoravicius (UBA); en Brasil, la coordinación la llevó a cabo la Dra. Maria Carla Corrochano (UFscar) y la asistencia de las Dras. Rosana Batista Monteiro (UFSCar) y Kelen Christina Leite (UFSCar); en Uruguay, coordinó el Proyecto la Dra. Adriana Marrero (FCS/Udelar) con la asistencia del Lic. Leandro Pereira de los Santos (FCS/Udelar).

El Proyecto se propuso identificar y analizar las prácticas impulsadas en tres países del Cono Sur miembros del MERCOSUR: Argentina, Brasil y Uruguay, destinadas a promover la inclusión en Educación Superior. Tomando en cuenta que los países referidos, a pesar de formar parte de la misma región geográfica y su pertenencia común al MERCOSUR como bloque de cooperación y de intercambio recíproco, varían significativamente en lo que hace a sus contextos sociopolíticos, sus Sistemas Educativos (SE), de Educación Superior (ES) e Instituciones de Educación Superior (IES). En una misma dirección, se partió de considerar la existencia de diversos modos de dar respuesta a los desafíos que implica la masificación de ese nivel educativo, en el marco de transformaciones de índole ideológica, cultural, política, social y económica en el contexto internacional.

Sosteniendo la prioridad de avanzar en nuestro entendimiento respecto a la Educación Superior de la región como un imperativo de época y como la necesidad insoslayable de priorizar la inclusión social en nuestras sociedades, consideramos que los espacios de diálogo en base a ideas, análisis y reflexiones constituyen un aporte central no sólo para el intercambio sino también para la generación de aportes que encuentren expresión tanto en las agendas políticas de los países como en la orientación de las acciones políticas concretas en la materia.

Por ello, en correspondencia con los ejes delineados por la propuesta inicial del espacio del Seminario, los objetivos de la actividad fueron: entablar un diálogo entre distintos actores que trabajan en la temática de la Educación Superior, entre los que se encontraron exponentes del ámbito académico, la gestión estatal, los sindicatos y representantes de universidades. Otro de los objetivos fue estimular el intercambio sobre los temas y problemas considerados prioritarios y propuestas que atraviesan en este tiempo los sistemas educativos y en particular a la Educación Superior en la región de América Latina. Finalmente, su propuso resaltar al primer plano los principales aspectos de la situación de Argentina, Brasil y Uruguay, en su condición de miembros plenos de MERCOSUR.

Las jornadas se organizaron en torno a un conjunto de temas y cuestiones orientadoras. En el primer panel, *Los Dilemas de la Educación Superior en América de Sud HOY*, se plantearon los siguientes interrogantes: ¿Cuáles son los ejes transversales en materia de problemáticas sustantivas de la Educación Superior en la región?; ¿Acceso?; ¿Calidad o financiamiento?

En un segundo panel, *Sistemas nacionales de Educación Superior*, se trabajó sobre interrogantes como: Cuál es el estado de la situación en materia los dilemas de: a) acceso/permanencia; b) calidad/financiamiento; c) control/descentralización. ¿Cuáles son los modelos existentes?; ¿Diferencias o similitudes?; ¿Hay brechas entre normativas y prácticas?

Finalmente, el tercer panel, *Proceso de Internacionalización*, se reflexionó sobre las universidades argentinas. En paralelo se recapituló sobre los aportes de los intercambios y se debatió acerca de los desafíos y propuestas con vistas a una agenda futura de Educación Superior.

Esperamos que esta publicación se constituya como material de trabajo para la promoción y estímulo de debates actuales y futuros sobre la Educación Superior. Asimismo quisiéramos que el material reunido aquí permita renovar la reflexión y la acción sobre las realidades de los países de la Región.

Finalmente, y no por ello menos importante, queremos agradecer el apoyo de la Secretaría de Políticas Universitarias del Ministerio de Educación de la República Argentina, sin el cual el evento y la publicación de lo presentado allí no hubieran sido posibles. Extendemos nuestro agradecimiento Mercedes Botto, Directora del Programa de Estudios de Cooperación e Integración Regional (PECIR), y a los autores que se han sumado a la convocatoria, tanto como panelistas del evento como al aceptar la propuesta de la publicación.

Buenos Aires, agosto de 2015.

Abreviaturas

ACRULAC	Asociación de Consejos de Rectores de Universidades de Latinoamérica y el Caribe
ACUMAR	Autoridad de la Cuenca Matanza Riachuelo
ANEP	Administración Nacional de Educación Pública – Uruguay
ARCU-SUR	Acreditación Regional de Carreras Universitarias para el MERCOSUR
ARUNA	Asociación de Radios Universitarias de Argentina
BID	Banco Interamericano de Desarrollo
CAMMESA	Compañía administradora del mercado mayorista eléctrico
CAPES	*Coordenação de Aperfeiçoamento de Pessoal de Nível Superior* – Brasil
CCA	Concejo Centroamericano de Acreditación
CEA	Confederación de Educadores de la Argentina
CEAMSE	Coordinación Ecológica Área Metropolitana Sociedad del Estado – Argentina
CEE	Comunidad Económica Europea

CELAC	Comunidad de Estados Latinoamericanos y Caribeños
CIN	Consejo Interuniversitario Nacional
CINDA	Centro Universitaro de Desarrollo – Chile
CNRS	*Centre national de la recherche scientifique* – París, Francia
CONADU	Federación Nacional de Docentes Universitarios – Argentina
CONEAU	Comisión Nacional de Evaluación y Acreditación Universitaria – Argentina
CONICET	Consejo Nacional de Investigaciones Científicas y Técnicas
CPRES	Consejos Regionales de Planificación de la Educación Superior
CRES	Conferencia Regional de Educación Superior
CRUP	Consejo de Rectores de Universidades Privadas
CSUCA	Consejo Superior Universitario Centroamericano
CTA	Central de Trabajadores Argentinos
CTDUA	Comité Técnico del Deporte Universitario Argentino
CTERA	Confederación de Trabajadores de la Educación de la República Argentina
CU	Consejo Universitario

DNCI	Dirección Nacional de Cooperación Internacional
ECTS	Sistema Europeo de Créditos transferibles
ENARSA	Energía Argentina SA
EPH	Encuesta Permanente de Hogares – Argentina
ES	Educación Superior
FCS	Facultad de Ciencias Sociales – Udelar
FLACSO	Facultad Latinoamericana de Ciencias Sociales
GEPEFH	Grupo de Estudios sobre Economía Política, Educación y Promoción Humana – Brasil
IEC	Instituto de Estudios y Capacitación – CONAUDU, Argentina
INDEC	Instituto Nacional de Estadística y Censos de la República Argentina
LEAFRO	Laboratorio de Estudios Afro-brasileños – Brasil
LES	Ley de Educación Superior – Argentina
ME	Ministerio de Educación – Argentina
MEC	Ministerio de Educación y Cultura – Uruguay
MERCOSUR	Mercado Común del Sur
MEXA	Mecanismo experimental de acreditación de Carreras de grado – MERCOSUR

MinCyT	Ministerio de Ciencia y Tecnología – Argentina
NAFTA	*North American Free Trade Agreement*
OIT	Organización Internacional del Trabajo
ORI	Oficina de Relaciones Internacionales
ORT	Universidad privada de origen hebreo – Uruguay
PDTS	Proyectos de desarrollo tecnológico y social
PIME	Programa Internacional de Movilidad Estudiantil – UNSAM
PROMEI	Programa de Calidad Universitaria. Proyecto de Mejoramiento de Enseñanza en Ingeniería
RedBIEN	Red de Bientestar Universitario
REDCIUN	Red de Cooperación Internacional de las Universidades Nacionales Argentinas
REDVITEC	Red de vinculación tecnológica de las Universidades Nacionales de la Argentina
RENAU	Red Nacional Audiovisual Universitaria
REUN	Red de Editoriales de las Universidades Nacionales de Argentina
REXUNI	Red de Extensión Universitaria
RUEDA	Red de Educación a Distancia
SE	Sistema Educativo

SEM	Programa de Desarrollo del Sector Educativo del MERCOSUR
SENESCyT	Secretaría de Educación Superior, Ciencia y Tecnología – Ecuador
SICEVAES	Sistema Centroamericano de Evaluación y Acreditación de la Educación Superior
SPU	Secretaría de Políticas Universitarias – Argentina
SUM	Sedes Universitarias Municipales – Cuba
TIC	Tecnologías de la Información y la Comunicación
TLCAN	Tratado de Libre Comercio del Atlántico Norte
OEI	Organización de Estados Iberoamericanos
UBA	Universidad de Buenos Aires – Argentina
UCADAL	Universidad Católica del Uruguay "Dámaso Antonio Larrañaga"
UDE	Universidad de la Empresa – Uruguay
Udelar	Universidad de la República Oriental del Uruguay
UFSCar	Universidade Federal de Sao Carlos – Brasil
UM	Universidad de Montevideo – Uruguay
UNASUR	Unión de Naciones Sudamericanas

UNESCO	Organización de las Naciones Unidas para la Educación, la Ciencia y la Cultura
UNMSM	Universidad Nacional Mayor de San Marcos
UNLP	Universidad Nacional de La Plata – Argentina
UNSAM	Universidad Nacional de San Martín – Argentina
UNTREF	Universidad de Tres de Febrero – Argentina
UTEC	Universidad Tecnológica – Uruguay
YPF	Yacimientos Petrolíferos Fiscales

Capítulo I

Dilemas de la Educación Superior en América del Sur hoy
Moderadora: Analía Otero (CONICET/FLACSO)

El desarrollo de la Educación Superior en América Latina en perspectiva comparada

NORBERTO FERNÁNDEZ LAMARRA

Es un gusto compartir esta mañana con ustedes aquí, en FLAC-SO, en esta mesa sobre el tema de la Educación Superior, que, en los últimos diez años, se ha convertido en el centro de mis trabajos de investigación, libros y artículos. He elegido utilizar, en esta ocasión, la denominación *"en perspectiva comparada"*, dado que es un seminario de carácter regional. La mayor parte de mis trabajos de estos últimos años estuvieron dedicados a América Latina. Digo –con tono de broma– que referirme a América Latina me permite tener un poco más de libertad para hablar de tendencias y de problemas, ya que hablo no sólo de todas las realidades regionales, sino también de Argentina, entendiéndola en un marco más amplio.

Dentro de la perspectiva que llamé "El desarrollo de la Educación Superior en América Latina en perspectiva comparada", en esta presentación trabajaré sobre tres temas centrales: democratización, política y calidad.

Partiré de la Reforma Universitaria de 1918 y de la universidad democrática que deberíamos haber tenido, de haber seguido la evolución que los jóvenes de Córdoba plantearon hace ya casi cien años. Luego, abordaré la universidad que tenemos hoy, sus principales problemas en cuanto a calidad, gestión, democratización y participación social, entre otros, la convergencia de la Educación Superior a nivel regional, la organización académica y la calidad. Por último, plantearé algunos puntos sobre la universidad que América Latina necesita, pensando en los nuevos tiempos, actores y desafíos. Sobre los desafíos políticos, retomaré los principales aportes de las conferencias regionales y mundiales de la UNESCO y, si tenemos tiempo un poco para el debate, esbozaré una propuesta hacia nuevas políticas y estrategias.

La reforma universitaria de 1918 ha sido un importante signo político, académico y social para la universidad en América Latina y en el mundo. Ese movimiento reformista se inició en la Universidad de Córdoba y se expandió a casi la totalidad de la región. Llegó a Cuba en los primeros años de la década de 1920, a México antes de los años treinta, y se desarrolló en toda América Latina, generando lo que ha sido, a mi entender, la principal innovación político-educativa latinoamericana en el último siglo. ¿Cuáles han sido sus temas centrales? Varios: la autonomía de la universidad, el cogobierno de docentes y estudiantes, al que después se incorporaron los graduados; el cuestionamiento de la universidad como expendedora de títulos profesionales; la necesidad de renovación pedagógica en el ámbito universitario; la libertad de cátedra; la función social de la universidad; la solidaridad con el pueblo y los trabajadores; el rol central de los estudiantes y en general de los jóvenes –en realidad los jóvenes como destinatarios y protagonistas de la universidad–; el compromiso de la universidad con el cambio social y la superación de las fronteras de la universidad. Pensemos que varios de estos principios son los que hoy nos planteamos como deseables para la universidad actual. La Reforma Universitaria de Córdoba se dio como complemento del primer gran suceso que la Argentina tuvo en materia de democratización política: el voto universal, secreto y obligatorio, y la elección de Hipólito Yrigoyen como presidente.

Mi planteo es que, en Argentina, la vigencia de la reforma universitaria y de la autonomía de las universidades ha estado vinculada a los vaivenes políticos e institucionales del país. Es decir, a vaivenes institucionales producidos por las distintas dictaduras militares, que desde 1930 interrumpieron la continuidad democrática. Actualmente, llevamos ya más de 30 años de gobierno democrático y autonomía de las universidades.

La situación ha sido distinta en cada uno de los países de América Latina, pero las políticas neoliberales han afectado fuertemente los principios básicos de la reforma universitaria. En este tema de la reforma, planteo fuertemente el riesgo de la simplificación y sacralización de la autonomía como dogma invariable, como un fin en sí mismo. Es decir, nos quedamos sólo en la autonomía, lo cual es muy importante, pero nos olvidamos del resto de los principios que son sustantivos también.

Sostengo la necesidad de repensar la Reforma Universitaria, con el sentido trascendente del presente y del futuro que tuvieron los estudiantes de Córdoba en 1918. Su pensamiento está totalmente vigente y parcialmente incumplido. Estamos ya a pocos años de su Centenario, ojalá podamos en la comunidad argentina y latinoamericana hacer un planteo de una nueva reforma universitaria con un sentido de futuro como el que tuvo ésta, que –a casi cien años– todavía está parcialmente vigente.

Analicemos cómo ha evolucionado la Educación Superior en estos últimos cuarenta o cincuenta años. Haciendo un punteo muy general, hasta las décadas de los setenta y ochenta teníamos en América Latina una universidad predominantemente estatal, con una fuerte autonomía institucional y académica, un modelo de universidad esencialmente profesionalista, "napoleónico", que aún sostenemos. Últimamente –no tanto en Argentina, pero sí en otros países de la región–, hay una cierta influencia del exterior, sobre todo norteamericana. En cambio, a partir de las décadas de 1980 y 1990, las políticas neoliberales, con su concepción del mercado, reemplazaron a las políticas de bienestar. En ese momento de esplendor neoliberal, se crearon muchas instituciones y universidades, lo cual generó una fuerte diversificación de la Educación Superior y se produjo una heterogeneidad muy grande en los niveles de calidad. Esto que sucedió en toda América Latina se dio en menor medida en los casos de Argentina y Uruguay. En Brasil es donde se dieron de una manera más fuerte los procesos de privatización, de diversificación y de heterogeneidad, pero en cuanto a los niveles de calidad de la Educación Superior, toda América

Latina fue afectada. La región tiene universidades equivalentes a las mejores del mundo y también algunas que están entre las peores del mundo, lo cual evidencia la enorme diversidad. Esto en Argentina se ha dado en menor medida.

Actualmente en América Latina alrededor del 60/65 % de la matrícula corresponde a universidades privadas. El tope máximo se registra en Brasil, que es del 85% de la matrícula; en Cuba, obviamente, es el 0%, ya que no existen universidades privadas. En Uruguay, pensaba que ese porcentaje era del 10%, pero la colega Adriana Marrero me apuntó que puede ser del 15 %. En Argentina, la matrícula privada es alrededor del 20%; en Colombia, es del 60%; en Chile, del 65%; y en México, del 50%: estos datos son para darnos una idea en perspectiva comparada.

Además, en la región, tenemos la influencia heterogénea de diversos y contradictorios modelos universitarios, como los de Estados Unidos, de Alemania o de España. También hay influencias de organismos internacionales, como el BID, el Banco Mundial y UNESCO.

Quisiera brindarles algunos datos estadísticos de la Educación Superior en América Latina. En 1950, teníamos 75 universidades; hoy no sabemos con exactitud cuántas son, pero el número estaría alrededor de 3.000 universidades. En 1950, las universidades tenían 217 mil estudiantes, ahora contamos con alrededor de 18 millones de estudiantes, aproximadamente. La matrícula se multiplicó 70 veces, entre 1950 y 2013. En la última década, ha habido una tasa de incremento anual de la matrícula del 6% en Educación Superior en América Latina. Señalo un punto problemático: esta tasa de crecimiento es mayor que la de la Educación Media. Es decir, indica que las políticas quizás no han considerado efectivamente la obligatoriedad de la Educación Media ya establecida en muchos países. No sólo se está aún lejos de cumplir con la obligatoriedad de la Educación Media en la región, sino que se ha hecho mayor énfasis en la Educación Superior.

Lo grave es que el sector privado creció el 8% en América Latina en estas dos últimas décadas, mientras que el sector público, sólo el 2,5%. Por lo tanto, el fuerte crecimiento de la Educación Superior universitaria se dio en el sector privado. Las tasas brutas de escolarización terciaria eran del 2% en 1950, ahora tampoco hay datos precisos, pero deben estar entre el 30% y el 35%, es decir, se multiplicó por casi el 15% entre 1950 y el 2000. Aun con este incremento, estas tasas son más bajas que las registradas en países desarrollados. El único país que presenta una tasa equivalente a los países desarrollados es Cuba, que tiene entre 60% y 65% de matrícula universitaria con respecto a la población escolar. En Argentina, la tasa ronda el 35%. Están muy por debajo de la europea, con el 55% a 60%, la de EE.UU, que es 80%, y la del 45% de Asia y Oceanía.

Consideremos la problemática de la gestión universitaria en América Latina. Como hemos dicho, hubo un crecimiento inorgánico de universidades y matrícula, gran diversificación, segmentación y heterogeneidad en cuanto a calidad, escasa comunicación entre la educación universitaria y la no universitaria, y, sobre todo en los países como Uruguay y Argentina, desconexión entre instituciones universitarias, no universitarias y con el resto del sistema educativo. El aislamiento de las universidades halla expresión en la falta de control y rendición de cuentas a la sociedad, la falta de actualización y cambio de los diseños curriculares, la poca participación social en el desarrollo de la Educación Superior, políticas y estrategias sin programas y proyectos, y el escaso gasto público para la investigación, afectando las capacidades nacionales de producción científica. Para tener una idea, los países desarrollados de Europa y Estados Unidos dedican entre el 2% y el 3% de su PBI a la investigación científica. El promedio en América Latina es el 0,5% y en Argentina estamos alrededor del 0,7%. El único que supera el 1% es Brasil. La mayor parte de los países están en el 0,5% ó menos.

Los modelos académicos y de gestión en la región son muy tradicionales, con limitada profesionalidad técnica, gran rigidez en las estructuras académicas, escasez de investigaciones y estudios sobre la Educación Superior, etc.

Respecto al tema de la democratización, considero que la educación en general y la Educación Superior deben contribuir efectivamente al mejoramiento de la gobernabilidad democrática, a una mayor democratización de la sociedad, con estrategias para superar y disminuir las inequidades sociales, la pobreza y la marginalidad. Sin embargo, muchas veces la Educación Superior profundiza esas inequidades. La evolución de la Educación Superior en América Latina, en la última década, ha incrementado su carácter elitista. En Argentina, creo que somos una excepción. Afirmo esto último para alimentar un debate necesario, porque estamos defraudando a los estudiantes de menor nivel social, que asisten a universidades de muy bajo nivel académico, la mayoría privadas.

Existen otras iniquidades de distinto origen: por razones socio-económicas, geográficas, étnicas y de género. Por eso, planteo la necesidad de desarrollar una verdadera estrategia de Educación Superior para todos, con acceso universal. Para ello, debemos encarar los problemas de iniquidad, y establecer fuertes y significativas políticas compensatorias, además de evaluar las políticas de democratización y sus efectos reales. No basta con enunciarlas, porque si bien hubo avances, no se ha logrado aún una verdadera superación del modelo elitista.

Ahora bien, ¿cómo se da la situación en algunos países de América Latina? En Argentina hay libre acceso a las universidades públicas, pero tenemos altos porcentajes de deserción, entre el 50% el 60%. En Brasil, hubo avances recientes en los últimos años, pero son insuficientes: el 85% de las instituciones de Educación Superior son privadas y el 70% de ellas son instituciones con fines de lucro, cuyas acciones cotizan en bolsa, lo que para nosotros no es concebible. Chile tiene un modelo elitista, que constituye la base de un grave problema social actual.

En Cuba, a través de la municipalización de las universidades (SUM), se alcanzaron niveles de entre el 60 y 65%, pero no se analizó suficientemente el tema de la calidad.

México ha creado algunas instituciones de Educación Superior, como universidades tecnológicas, politécnicas, institutos tecnológicos, universidades interculturales, logrando una fuerte diversidad de instituciones y una tasa de inserción del 50%, pero con persistentes desigualdades inter e intrarregionales. Venezuela tiene dos modelos en pugna, las universidades tradicionales y la universidad bolivariana. Los datos de la universidad bolivariana sorprenden positivamente: en 1998 había 28 estudiantes cada 1.000 habitantes y, en el 2008, el número ascendió a 81 por cada 1000, pero me pregunto: ¿Son verdaderamente universidades?

Remarco algunos conceptos sobre este tema que me parecen importantes. Retomo, recurrentemente, una concepción, cuya principal expositora en Argentina es la colega Ana María Ezcurra, sobre la *"inclusión excluyente."*[1] Este concepto explica cómo se da la expansión de la Educación Superior sin cambio de condiciones estructurales en cuanto a desigualdad social, con posibilidades de acceso y permanencia, constituyéndose un modelo universitario para sectores medios y altos. A esto se agregan las desigualdades en el nivel secundario. La masificación de la Educación Superior en América Latina registra brechas agudas en las tasas de graduación, según nivel socioeconómico, o sea, está socialmente condicionada. Prevalece la concepción de que lo que falla es el nivel de los estudiantes, no de las instituciones ni del sistema y se re-victimiza a las víctimas. Retomando a Ana María Ezcurra, ésta es una perspectiva encubridora, que preserva el *statu quo* e implica una lógica de reproducción de la desigualdad cultural socialmente

_____

[1]   Ezcurra, A M. (2011). *Igualdad en Educación Superior: un desafío mundial*, Los Polvorines: Universidad Nacional de General Sarmiento; Buenos Aires: IEC – CONADU. 1ra Ed.

condicionada. Otro colega, Dias Sobrinho (2011),[2] entiende que existe una exclusión dentro del sistema, dada por oferta de enseñanza precaria y de baja calidad: las universidades *"garaje"* en Colombia, las *"patito"* en México, las facultades aisladas-isoladas en Brasil, donde son mayoría.

Otro punto a abordar es la vinculación de la universidad con las nuevas tecnologías, que han tenido una presencia cada vez mayor, con un fuerte crecimiento de la educación a distancia y virtual. Aquí, planteo una tensión para discutir sobre las nuevas tecnologías: ¿son instrumentos para facilitar la democratización o para profundizar las diferencias? Creo que éste es un tema central. Hay que evitar que la atención se centre en el medio, ya que no se atiende al fin principal, que es la educación, su calidad y su democratización. Es decir, el debate está centrado más en el medio que en el fin. Las nuevas tecnologías son una oportunidad para la innovación, y la innovación, tanto en lo organizativo como en los procesos de enseñanza-aprendizaje.

El desafío entonces es pensar cómo las nuevas tecnologías en la educación virtual y los procesos de internalización contribuyen a una mayor democratización e integración en sociedades más justas, más humanas, más solidarias, en las que la ciencia y la tecnología en la educación sean factores decisivos para ella.

Otro tema fundamental para mí es el de la convergencia de la Educación Superior en América Latina. En materia de integración regional tenemos: MERCOSUR, en especial el Mecanismo Experimental de Acreditación de Carreras de Grado (MEXA), ahora ARCUSUR; TLCAN/NAFTA, integración de México con EEUU y Canadá; en Centroamérica, hay una incidencia significativa del CSUCA para las universidades públicas, SICEVAES: Sistema Centroamericano de Evaluación y Armoni-

---

[2]   Dias Sobrinho, J. (2011). "Educação superior: democratização, acesso e permanência com qualidade." En Fernández Lamarra, N. y Costa de Paula, F. (comp) *La democratización de la Educación Superior en América Latina: límites y posibilidades,* Saenz Peña: UNTREF.

zación de la Educación Superior y Consejo Centroamericano de Acreditación (CCA). En el Bloque Andino está el Convenio Andrés Bello. Otros programas y estudios que podemos mencionar son los de IESALC/ UNESCO; con diversidad de estudios y trabajos regionales y nacionales; ENLACES; diversidad de Observatorios Regionales OEI, CAEU/OUI; Programa IGLU; Colegio de las Américas; RIACES; Red de agencias de evaluación y acreditación: Proyectos ALFA y ALBAN; Comisión Europea; y múltiples Redes de Universidades.

Contamos con una gran diversidad de modelos institucionales, universitarios y académicos, y una falta de coherencia y una fuerte diversificación, que en muchos países superpone el modelo napoleónico con el ángulo americano. Necesitamos articular el grado con el posgrado, y también –no en Argentina, pero en gran parte de América Latina– se instaló el tema de la incidencia de la universidad trasnacional.

Tenemos que ir hacia la construcción común de un Espacio Latinoamericano de Educación Superior. Ahí, la Argentina está perdiendo una posibilidad de liderazgo muy importante, porque podría ser uno de los líderes, en este tema de convocar a los ministros, a los consejos de rectores y demás, para ir trabajando en un espacio común, como tiene Europa: el Espacio Europeo de Educación Superior (Proceso de Bolonia).

Planteo que el Espacio Común se construye desde la integración interuniversitaria, la académica Sur-Sur y la formación de dirigentes universitarios. Es necesaria la construcción de un Espacio Común Latinoamericano de Educación Superior que evite una mayor fragmentación, promoviendo su integración y convergencia. Esta construcción requiere avanzar en varios puntos: América Latina debe conocer y discutir –pero no copiar acríticamente– la significación del Proceso de Bolonia y sus avances (en 47 países); darse la discusión acerca de la estructura L–M–D y su viabilidad en América Latina; reconocer la importancia del Sistema Europeo de Créditos Transferibles (ECTS); la creación de organismos al estilo de ENQA para diseñar y concertar criterios comunes en aseguramiento de la calidad. Debe hacerse un trabajo en común, de organismos multilaterales, regionales y de redes interuniversitarias. Comprender y aprovechar la importancia de la cooperación europea bilateral y de la Comisión Europea (Proyectos ALFA), pero evitar los procesos "*neocoloniales*."

Además, un Espacio Común Latinoamericano supone múltiples desafíos, entre otros, la importancia de los protocolos regionales e intergubernamentales de reconocimiento de títulos y estudios (por ejemplo, la experiencia del MERCOSUR); nuevas y más eficientes modalidades de gestión universitaria; movilidad de estudiantes: creación de sistemas masivos de becas; creación de un sistema de créditos transferibles, uno es la experiencia europea en los ECTS; criterios comunes de estructura académica: discusión sobre el modelo B–M–D de Bolonia; mayor flexibilidad en los diseños curriculares; intercambio permanente de profesores e investigadores; proyectos regionales de posgrados: maestrías y doctorados; intensificación de procesos de doble titulación entre universidades sudamericanas. El Espacio Común se construye desde la integración inter universitaria, la movilidad académica y la formación de dirigentes universitarios.

Hay también desafíos políticos en Educación Superior y gobernabilidad democrática, en relación a: democracia y equidad; fortalecimiento de valores estratégicos; cohesión e integración social; ciudadanía activa y participante; sociedad abierta al conocimiento; Educación Superior como política de Estado; procesos de concertación y consensos; mayor eficiencia y pertinencia; necesidad de nuevos modelos.

Éstos son algunos de los desafíos que planteo en materia de educación, sociedad y gobernabilidad. Creo que el tema de la educación es un tema que debe convocarnos a todos, tenemos que llegar a consensos. Consensos no sólo en saber en qué estamos de acuerdo, sino también en qué no lo estamos. Tomar los acuerdos como una base común y discutir realmente para las políticas de educación en general y de Educación Superior en particular, en lo que disentimos. Sostengo que la democracia está en deuda con la educación y con la universidad. Ojalá pronto la democracia pueda ir disminuyendo esa deuda para bien de nuestro país y de América Latina.

A casi 100 años: el modelo de Córdoba y sus asignaturas pendientes

ADRIANA MARRERO

Antes de comenzar esta exposición, quisiera agradecer a la organización del encuentro el haberme otorgado el placer de compartir esta mesa con colegas cuyo trabajo considero relevante. Quiero agradecer en especial al profesor Norberto Lamarra, de quien he aprendido mucho. Considero necesario puntualizar que una de las similitudes que Norberto encuentra, entre algunas de las expresiones del proyecto que nos reúne acá y su trabajo, es producto de largas conversaciones y muy atentas escuchas, especialmente fructíferas para mí, con él y su equipo, ya que desde su Universidad –la Universidad Nacional de Tres de Febrero– y desde la mía –la Universidad de la República– hemos podido compartir tres años de trabajo conjunto en el Proyecto RIAIPE III-AlfaIII, junto con otros muchos colegas de América y Europa.

Con el propósito de provocar el inicio de un diálogo entre los panelistas y generar –quizás– un debate, quisiera comenzar comentando algunas ideas generales sobre el propósito que anima este panel, a partir de un diálogo que quisiera establecer con algunos datos muy significativos que aportó el profesor Norberto Lamarra.

Yo estoy aquí, hoy, sobre todo en el papel de educadora, porque lo soy, pero además vengo en mi condición de socióloga permanentemente inquieta y muchas veces incómoda con los no siempre obvios problemas que en el campo educativo nos toca abordar. No quiero aburrirlos con esto, porque seguramente muchos lo recuerden, pero permítanme que traiga a esta mesa al gran maestro Pierre Bourdieu, que sostenía sin más, que *la sociología es una ciencia que incomoda, porque pone en cuestión todo aquello por lo cual estamos dispuestos a morir.* Difícil tarea la de la sociología, y quién lo duda, poco simpática. El discutir y el poner en duda aquellas cosas que nos son más sagradas, por lo cual estaríamos dispuestos a dar la vida, y sin embargo, abordarlas con respeto, sin temor, despojándolas del velo sagrado que las encubre y enmascara, y ya desacralizadas, considerándolas un objeto de estudio más. Se trata incluso de arribar a conclusiones que molestan, mostrando realidades que son, sin duda, movilizadoras e incómodas.

Dicho esto, quisiera referirme a alguna de esas realidades incómodas, dentro de las universidades de nuestros países, y que han tenido que ver también no solamente con mi experiencia personal como educadora que ha debido lidiar con la desacralización de muchos mitos, sino también con mi trabajo sociológico cotidiano, en el campo de la educación postobligatoria y la desigualdad.

Una última aclaración: cuando –respondiendo a la convocatoria o título del panel– nos preguntamos "¿qué tipo de dilemas atraviesan a nuestras universidades?", no hay manera de soslayar la importante cuestión de la diversidad de modelos universitarios que tenemos en la región y las distintas filosofías que los inspiran. Como parte del proyecto organizador de este evento, que incluye a tres universidades de tres países distintos del MERCOSUR (FLACSO, Universidad Federal de San Carlos y Universidad de la República), he elegido dejar por un momento de lado los diversos problemas de la universidad brasileña, y remontarme a los orígenes comunes e inspiradores de las universidades argentinas y uruguayas, que, aunque no son idénticas, reconocen los mismos hitos históricos y los mismos valores fundantes, que todavía hoy las caracterizan de modo importante.

Me estoy refiriendo, como Norberto hace un rato, a lo que se conoce comúnmente como "el modelo de Córdoba", forjado en la Universidad Nacional de Córdoba, en 1918. Ése es el modelo que ha guiado a las universidades públicas del Río de la Plata durante casi un siglo, y en ese trayecto ha sufrido un proceso de transformación que, de un conjunto de valores

orientadores a defender, lo ha metamorfoseado, convirtiéndo-
lo, con frecuencia, en una mecánica inanimada, naturalizada e
invisibilizada de gestionar los asuntos universitarios.

Si todavía no he llegado a incomodarlos con esta última
afirmación, quiero entonces volver a examinar esta realidad
derivada de aquellos momentos fundantes de estas universidades, como si fuera, literalmente, el agua en la que estamos
nadando, quiero volver a examinar el aire que estamos res-
pirando a diario, sin grandes ambiciones o, mejor dicho, con
la ambición y el atrevimiento del que empieza a preguntarse
sobre lo que está viendo y viviendo, y se propone estudiarlo
como si lo estuviera viendo y viviendo.

Ahora sí, finalmente, voy a usar como pretexto para el
comienzo de lo que quiero decir, una cifra que anoté con cuidado de la exposición de Norberto sobre las tasas brutas de
escolarización en la Educación Superior: El 2%. Ésa era –ese
insignificante 2%– la tasa bruta de escolarización en la Educación Superior de América Latina en el año 1950. Obsérvese que
hablar de tasa bruta de escolarización, significa considerar el
total de los estudiantes matriculados en las universidades, sin
importar su edad ni, muchas veces, su actividad, con lo cual,
frecuentemente, podían figurar en ese número estudiantes que
ya habían abandonado sus estudios, personas ya mayores que
tardaban demasiado tiempo en cursar sus carreras, o reinscri-
tos en otras carreras de las mismas universidades. Recordemos
que si aplicáramos en cambio la tasa neta de escolarización,
que sólo comprende a estudiantes universitarios de 18 a 24
años, la tasa obtenida sería todavía mucho menor.

Así que, recapitulando, aquella tasa era del 2% en América Latina en 1950. Más de medio siglo después, en el año
2003, la tasa bruta de escolarización universitaria del continente alcanza apenas al 28,7%. Yo no tengo ahora el dato,
pero: ¿a quién de ustedes no le gustaría saber qué porcentaje
de estudiantes –sin importar la edad– había en Córdoba en
1918, si en 1950 era el 2%? No hay dudas de que el porcentaje
era muchísimo menor; un porcentaje no ya representativo de
una élite del 2%, sino de la élite de la élite. A partir de estos

datos y transformando los datos en simples abstracciones de las realidades sociales, no es difícil preguntarse para qué pueblo reivindicaban los estudiantes de Córdoba los valores que decían erigir. ¿Fue realmente democrático y democratizador ese movimiento? ¿Quiénes fueron sus actores y a qué clases pertenecían? ¿Jóvenes de qué clases sociales podrían entonces aspirar a formar parte del gobierno universitario? La solidaridad con el pueblo de Córdoba ¿no puede entenderse más bien como una solidaridad elitista hacia un *otro* –el pueblo– que ni remotamente podría albergar expectativas de alcanzar la universidad? ¿No puede afirmarse que ese manifiesto reivindica realmente la participación en una universidad, que es sólo para unos pocos, sigue siendo para unos pocos y quiere seguir siendo para unos pocos? En otras palabras: si todos los jóvenes de todas las clases sociales accedieran a la universidad o se aspirara a ello; si hasta el último de los jóvenes de las clases más bajas estuviera destinado a la universidad, o tuviera real acceso a ella, ¿no dejaría el pueblo de ser un "otro", afuera, excluido? Si así fuera, ¿sería necesaria esa "solidaridad" que se proclama? La universidad de principios del siglo XX, y en menor medida la de ahora, siguen siendo universidades de élites –por más que sus tasas permitan clasificarlas como universidades de masas–, cuya relación con el resto de la sociedad, y en particular con las clases populares es, por lo menos, altamente problemático.

Voy a tratar de poner estas cuestiones en palabras simples y, si se quiere, hasta un poco brutales, porque lo que me gustaría evitar es que un hilar demasiado fino opaque la claridad de lo que quiero expresar y la dimensión del tipo de cosas que creo que tienen que ser pensadas. Acá también Norberto me ganó de mano en su anterior intervención, al sostener que la universidad está aislada y quiere estar aislada; que la universidad es autónoma, y, con mucha delicadeza, sugería que posiblemente debíamos discutir el "principio de autonomía".

Estoy de acuerdo con él, pero digo, categóricamente, que debemos dejar de pensar la autonomía como un "principio" y pensarlo, en cambio, como lo que es, un simple instrumento jurídico que se ha dado en su momento la universidad en sus leyes orgánicas, y que definitivamente hay que revisar. No se trata de un derecho inalienable ni, en un principio, irrenunciable. Es sólo un instrumento, y así debemos verla, aunque –a la luz del modo cómo se le reverencia y cómo se le protege– no parezca instrumento cualquiera.

Como ya habrán percibido, no me refiero acá a las universidades privadas, ajenas de hecho y de derecho a esta discusión. Son las universidades públicas a las que concierne el instrumento de la autonomía en relación con el gobierno de cada Estado. Universidades públicas y, muy frecuentemente, además, gratuitas, o sea, financiadas a través de los impuestos de los contribuyentes, incluso de los que no pueden asistir a ella. Por ello, el problema es aún más grave. No discuto, por si a alguien le queda duda, la gratuidad universitaria, que debe ser preservada junto a otros instrumentos financieros que contribuyan a que los más pobres, faltos de apoyo económico como para trasladarse y vivir en otra ciudad, a veces para lograr la mínima capacidad de manutención, puedan ingresar y progresar en sus estudios universitarios, tales como los diversos sistemas de becas que se han instrumentado en nuestros países con indudable resultado redistributivo.

Hecha la aclaración, volvamos entonces, a la autonomía. Las universidades autónomas se declaran tales en relación a los gobiernos de los Estados: no dependen de ningún Ministerio incluido el de Educación y, desde los gobiernos, no puede señalárseles otros lineamientos, más allá de los que surjan de los proyectos presupuestales que las propias universidades elaboran para incluir en los presupuestos del Estado y que los Parlamentos aprueban. Toda otra política universitaria es definida por las universidades, con prescindencia de cualquier política educativa nacional, llevada a cabo por el gobierno y votada por el Parlamento. Es posible que nos hayamos acostumbrado a esta realidad, pero si es así, entonces debemos detenernos un momento. ¿Cómo es eso de que el gobierno no puede llevar adelante una política universitaria porque las universidades son autónomas? Y si nos asalta de pronto alguna rebeldía antigubernamental, nos detenemos de nuevo. Más allá del gobierno que gobierne, ¿quién tiene derecho a decidir cuáles son las políticas universitarias y educativas que deben llevarse a cabo?

En nuestras repúblicas, la respuesta es una sola: la soberanía reside en la nación. Ni en el gobierno, ni en las universidades: el único soberano, el único que tiene capacidad de elegir y decidir cuál va a ser el rumbo del país, de la política, de la universidad, de la educación, de la salud, es el soberano, es el pueblo, es la nación, es cada uno de los ciudadanos que decidimos y votamos un gobierno para que lleve adelante unas políticas y no otras, y claro, esto, también y sobre todo, en materia educativa.

La universidad autónoma se proclama ajena, en lo que tiene que ver con sus políticas educativas, de la voluntad popular. Es como si se dijera: "lo que la gente quiera, lo que la gente piense de la universidad, los planes que al pueblo le gustaría pensar para sí mismo o para sus hijos, no nos interesa, nosotros somos autónomos y entonces vamos a gobernar la educación, y a nuestra manera cogobernada, esto es, con la simple participación de algunas corporaciones: docentes, egresados y estudiantes". O sea que, además de la autonomía que divorcia las políticas universitarias de las políticas educativas que vota el soberano, el cogobierno corporativo divorcia a la universidad de los principios de soberanía, igualdad y universalismo, que inspiran a nuestras repúblicas.

El cogobierno es un cogobierno de los que ya pertenecen a la universidad, los que ya pertenecen a esa singular organización, por lo que necesariamente va a responder a los intereses, valores, prácticas y expectativas de aquellos integrantes de la universidad, de los cuerpos, de los estudiantes, de los egresados, de los docentes.

Poniéndoles un poco de movimiento y cotidianeidad a estos mecanismos tan estructurados, ¿qué docente está interesado en la democratización de la universidad, si eso significa que, en lugar de dar clases a 500 estudiantes, tendrá que hacerlo a 1.000, con lo cual habrá que corregir el doble, trabajar el doble, y todavía lidiar con los que "no están suficientemente preparados"? ¿Y cuántos egresados se preocupan porque el número de graduados se convierta en una competencia desleal en unos mercados de trabajo que a veces son pequeños? ¿Cuántos se resisten también a la creación de doctorados en sus propios campos, en los que ellos juegan, a su pesar, de simples licenciados, abogados, o arquitectos? ¿Y los estudiantes? ¿Cuántos de ellos dicen sin tapujo alguno que la democratización de la matrícula y los posgrados son perniciosos, porque devalúan los títulos universitarios? Finalmente, si todo el mundo tiene un título universitario, ¿para qué hago la universidad? ¿Para ser uno más? Mientras, la mayoría sólo puede mirar de afuera, si es que aún tiene expectativas sobre la universidad.

En varios países, sobre todo en los países nórdicos, la tasa de escolarización universitaria alcanza al 80%. Eso nos habla con claridad de que en verdad es posible un sistema universitario inclusivo y de calidad, donde lo que importe sea contar con gente capacitada, del más alto nivel, para el desarrollo del país y la realización de los proyectos personales de los ciudadanos. Tampoco oponemos a nuestras universidades a modelos privatizados, de calidad dispar, a "universidades garaje" o "universidades patito", como le llaman en algunos lugares a instituciones de pésimo nivel e impulsadas por el lucro. Estos sistemas democráticos, inclusivos, con tasas del 80%, pertenecen a países nórdicos, estamos hablando de Suecia, de Finlandia, países con un socialismo democrático muy poderoso, que están verdaderamente interesados en que las universidades se expandan, que la gente tenga educación universitaria, y que han superado la estrecha concepción de unas universidades puramente intelectualistas, de espaldas a los desafíos científicos, tecnológicos y técnicos, que a veces desdeñan nuestras nutridas universidades profesionalistas. La universidad intelectualista y profesionalista, no olvidemos, es excluyente de por sí. Ningún sistema universitario puede crecer realmente sin la inclusión de la técnica y la tecnología, como punta de lanza de la formación de egresados, con el más alto de conocimiento, en las fronteras del desarrollo mundial. Y posiblemente sería también ése el tipo de universidades que atrajera a la población masculina que, en mi país, se margina de la Educación Superior. Con un 70% de estudiantes mujeres en el sistema terciario y sólo un 30% de hombres, la atracción masculina a una universidad más acorde a sus intereses da, sin duda, amplios márgenes para el incremento de la inclusión y la democratización.

Nos atrevimos, entonces, a examinar brevemente los llamados "principios" que ya hemos terminado de dar por sentados, aquel "aire que respiramos", al que nos referíamos al principio, y hemos apenas atisbado algunos de los más graves problemas de los mecanismos universitarios de la autonomía y el cogobierno en el ámbito público. Junto con ello, claro está, su imperiosa necesidad de revisión, si es verdad que queremos una universidad democrática, inclusiva, universalista e igualitaria.

Pero no quiero terminar esta intervención, sin referirme a un asunto que incumbe no ya a los países rioplatenses, sino al mío propio, a Uruguay, y ese problema es el del monopolio público por parte de una sola universidad: la Universidad de la República. ¿Hay manera de expandir la tasa neta de matriculación, que en Uruguay apenas sobrepasa el 25%, si sólo existe una universidad pública y gratuita? Precisemos: la Universidad de la República reúne el 85% de la matrícula universitaria del país. Sea porque su oferta no es lo amplia y variada que debería ser, sea por penurias presupuestales, sea por falta de equipos y personal calificado, el caso es que, a pesar del transcurso del tiempo, no logra expandirse y captar nuevas poblaciones de estudiantes.

Esto no es ninguna sorpresa: no hay manera de expandir la matrícula sin otras universidades que tengan otro perfil y otras características. Desde 1998 al año 2010, Brasil multiplicó por cuatro el egreso universitario. Argentina, lo multiplicó por dos. En Uruguay, no hubo cambios, y esto, a pesar de un importantísimo incremento presupuestal que recibió toda la educación a partir de los gobiernos progresistas. De acá, no hay otras conclusiones que las obvias: la creación de nuevas universidades, con distintos perfiles, ubicadas en otras zonas, con otras características, es la única vía para integrar a poblaciones, a las que las universidades tradicionales no saben o no quieren atender.

La última cuestión a la que quiero referirme, es la calidad, la idea de calidad, yo diría "el mito de la calidad", es justamente uno de los prejuicios más excluyentes que hemos incorporado y con el cual debemos tener muchísimo cuidado. La defensa de la calidad educativa, ni a nivel universitario ni a ningún otro, puede convertirse en una buena razón para la exclusión o expulsión de poblaciones. Las universidades son centros para la enseñanza y para el aprendizaje, y si los viejos métodos no son suficientes para que los estudiantes aprendan lo que tienen que aprender, entonces habrá que experimentar, investigar e introducir otros nuevos, a fin de que todos logren acceder a los niveles razonables que cabe esperar de un centro académico de ese nivel. No cabe duda de que es preferible que más estudiantes accedan a la Educación Superior, aunque sus aprendizajes no los pongan a la par de las élites de otras universidades del mundo, que preservar una universidad elitista, que niega su educación a la mayoría, en aras de una calidad que siempre queda por ser verificada. Del mismo modo, podríamos afirmar que es preferible una Educación Superior a la que se accede, pero que no se culmina, que la imposibilidad absoluta de acceso a ella. No podemos hablar de estas cosas sin reparar en que, tras estas líneas de razonamiento, hay personas, la mayoría excluidas de nuestras universidades autoproclamadas "con todo orgullo" democráticas, y, por cierto, gratuitas, autónomas y cogobernadas.

Mucho más podría decirse sobre estas cuestiones, pero la cercanía del centenario de la declaración de Córdoba obliga a centrarse en las características de este modelo que nos hemos dado bajo su inspiración, y someterlo a un breve examen que no olvida, por supuesto, el riesgo de anacronismo. Pero, como hemos dicho antes, lo que pasó entonces se ha ido transformado en lo que tenemos ahora, y es eso, justamente eso, lo que tenemos el deber de cuestionar.

Entonces, terminando, les propongo que hagamos una fuerte apuesta: a no perdonarnos más, a no ser condescendientes con nosotros mismos, como universitarios y académicos comprometidos, y discutir con valentía y honestidad cuáles mecanismos ya no resultan útiles, democráticos y adecuados para transitar hacia la universidad que todos queremos; cuáles son los factores, todos los factores que excluyen y que impiden que transitemos hacia un 100% de jóvenes estudiando en la universidad, en distintas universidades, con distintos perfiles, pero que sea efectivamente democrática y efectivamente abierta para que, desde lo alto de la torre universitaria aislada y elitista, no sigamos proclamando vacías consignas en solidaridad con un pueblo, al que, una y otra vez, rechazamos en nuestros claustros.

El rol de la Educación Superior en los modelos de desarrollo en América Latina

DANIEL FILMUS

Retomando uno de los temas de interés planteados en la mesa de apertura de este seminario, en esta exposición quiero abordar una cuestión central, a partir de preguntarnos cuáles son los problemas transversales de la Educación Superior para los países de la región. A su vez, trataré de observar esos problemas, mirando hacia afuera la universidad, es decir, salir un poco de la perspectiva situada en las problemáticas de las mismas instituciones, para centrar su rol y vinculación con el desarrollo de las sociedades en las cuales vivimos.

Me gustaría puntualizar en tres cuestiones fundamentales. Primero, entiendo que el tema transversal más importante de la Educación Superior de América Latina, y en particular en un conjunto de países que han emprendido caminos de transformación profundos, se relaciona con la función social que desempeña la universidad en los modelos de desarrollo. Ésa es la principal cuestión a discutir. Es decir, la clave no es el tema de la cantidad –de estudiantes e instituciones–; no es el tema de la calidad; no es el tema del acceso; no es el tema del egreso. Éstos son todos temas fundamentales e importantísimos para discutir en la propia universidad, pero desde la perspectiva regional y de los países de la región, hay que discutir sobre el papel de la Educación Superior en los proyectos de desarrollo autónomo y sostenible de cada uno de nuestros países.

Durante la última década ocurrieron importantes procesos de transformación en un conjunto de países. Hemos estudiado y colaborado muchísimo, con dirigentes de cada uno de ellos, en encontrar caminos nuevos para América Latina. Desde estas experiencias, es posible afirmar que, a su manera y desde su perspectiva, tanto Ecuador, Venezuela, Bolivia, Brasil, Uruguay, Argentina y, en algunos aspectos, Chile, han emprendido caminos que fueron distintos a los modelos estratégicos establecidos tanto por las dictaduras en la década de 1970 y 1980 como a los modelos neoliberales de los años noventa.

La pregunta es, entonces: ¿cuál es la función social que desempeña la universidad en la actualidad? Podemos afirmar, en primer lugar, que esa función continúa siendo la misma que se planteaba para América Latina en otra época, que es la de acompañar los modelos de desarrollo de los países. La cuestión es, entonces, encontrar cuál es el mejor camino para articular las universidades con los actuales modelos de desarrollo. Cada país ha encontrado caminos distintos y se ha avanzado poderosamente en esa dirección, pero, desde mi punto de vista, sigue siendo un eje prioritario, que requiere un profundo y renovado debate.

El modelo de universidad argentina que impone la Reforma y la consideración de la Educación Superior como un derecho social más que un privilegio, garantizado por la gratuidad a fines de los cuarenta, constituyen idearios aún no concretados. Es más, la gran mayoría de nuestros jóvenes no están en la universidad. Esto no se debe a que la universidad no es para ellos, sino a la desigualdad de las sociedades en que vivimos. Los chicos y chicas llegan a la escuela en condiciones de desigualdad, y la mayor parte de quienes no acceden a la universidad, en realidad es porque no llegaron ni siquiera a terminar el nivel medio. Lo que hace la escuela no es producir desigualdades, sino reproducir las desigualdades existentes en la sociedad.

No se generan las desigualdades en la educación, se generan en un sistema capitalista, regulado por una lógica de mercado que distribuye desigualmente los bienes. Entre los bienes que distribuye desigualmente, están los bienes educativos. Es el mercado el que genera una desigualdad tan profunda, que hace que muchos chicos no lleguen a la universidad.

Vuelvo a la cuestión central a discutir: nuestros países emprendieron un cambio de modelo y, en ese sentido, Argentina está atravesando una situación, que nos invita a cuestionar el rol de la educación, y en particular, de la universidad, como eje del debate.

A partir del año 2003, Argentina inicia un proceso de cambio de su modelo productivo que se basa, entre otras cosas, en la capacidad de sustituir importaciones. Este modelo permite y requiere una mayor autonomía del desarrollo científico tecnológico con el objetivo de agregar valor a la producción, a partir de las capacidades de trabajo e innovación de la población, y basar su crecimiento en algo más que la exportación de sus materias primas.

En el año 2003, durante una de las crisis más profundas de nuestro país, el presidente Néstor Kirchner planteaba que la solución no era sólo que el Estado apoyara a la universidad, sino la necesidad de que hubiera un Estado, y que existiese un modelo de desarrollo inclusivo, apoyado en la universidad. Una universidad que tuviera la capacidad de generar aportes al desarrollo científico tecnológico autónomo, de desarrollar sectores productivos innovadores, aún de escaso valor agregado, pero que fuesen populares y que necesitaran claramente del apoyo de la universidad respecto a las capacidades regionales.

En la mesa se planteó anteriormente, y coincido con ello, que en muchas oportunidades la universidad mira más su ombligo que a estas necesidades. Éste es el principal obstáculo respecto de la universidad. Uno de los motivos por lo que esto sucede es que nuestras instituciones universitarias se han desarrollado históricamente en la resistencia: a las dictaduras principalmente, pero también al neoliberalismo. No son universidades que estén abiertas al trabajo conjunto con el Estado, debido a que el criterio de autonomía universitaria fue el que se utilizó para resistir al Estado y para no trabajar con el Estado en los momentos en que era importante mantenerse en disidencia, de ahí que intentar cambiar esta desconfianza de la universidad respecto del Estado sea un esfuerzo notable y necesario.

Esta relación compleja entre el Estado y la universidad no es exclusiva de nuestro país. En toda la Región hay que poder discutir con profundidad la cuestión del eje transversal que debe atravesar el rol de la universidad.

En Argentina se vienen realizando grandes esfuerzos, duplicando la inversión en las universidades, además de la inversión en todo el sistema educativo. Claro que las medidas implementadas y las transformaciones hechas se traducen en cambios que, en materia educativa, se verán en el largo plazo.

En el año 2006, se reimpulsó y puso en valor nuevamente la educación técnica, a través de una ley.[1] Sin embargo, los primeros alumnos que egresaron desde la vigencia de esta nueva legislación lo hicieron recién entre los años 2012 y 2013. Es decir, es muy reciente la primera cohorte de egresados, cuya formación se benefició con los cambios que comenzaron a implementarse en el 2006. Imaginemos, entonces, en qué plazo podrán verse plasmados en la población los cambios que se han realizado en el nivel universitario. El Diario Clarín, luego de muchas críticas a la situación de la educación en el país, publicó una nota de dos páginas señalando que aumentó la matrícula de formación docente en un 29%. ¿Y cuál es la razón de este incremento? Que se haya trabajado en este tema a nivel estatal. En el año 2003, cuando el kirchnerismo asumió el Gobierno, no podían cubrirse las vacantes docentes. Los jóvenes no querían seguir la carrera docente. Entonces, que aumente en la última década casi un 30% la cantidad de docentes nos está indicando que algo nuevo pasa en educación. Ahora bien, si analizamos el origen social de los chicos y chicas que eligieron la carrera docente, seguramente, en su mayoría, son primera generación de futuros docentes y, muy probablemente, hayan transitado por los circuitos de peor calidad del sistema educativo. También es un hecho que la matrícula de la formación docente es mayoritariamente femenina.

---

[1]   Ley de Educación Técnico Profesional N° 26.058/2005.

En síntesis, el tema trasversal a discutir es cuál es el aporte de la universidad y de la Educación Superior en su conjunto a la transformación social que han emprendido nuestros países. Al mismo tiempo, quiero afirmar que sin la universidad, estos procesos de transformación no pueden llevarse adelante. No conozco procesos de desarrollo autónomo y de generación de capacidades propias de los países, sin el aporte del conocimiento gestado en las universidades. Por ello, la universidad resulta imprescindible, y a pesar de la profunda crisis educativa en todos los niveles que hubo que afrontar en el año 2003, la educación universitaria fue siempre una de las grandes preocupaciones de este gobierno.

Quiero compartir una anécdota que resulta paradójica: durante la década del noventa encontramos que, contrariamente a lo que imaginamos, en Argentina el presupuesto universitario aumentó proporcionalmente mucho más que el de la educación primaria. Incluso, si buscamos en qué nivel bajó más el presupuesto, encontraremos que fue en el básico. Recuerden que se batió el récord de 1.000 días de carpa docente por el tema del aumento salarial. Ahora bien, proporcionalmente el presupuesto universitario aumentó y cayó el presupuesto de la educación primaria, por lo que los primeros años del gobierno de Néstor Kirchner, hubo que dedicar ese tiempo a compensar esa diferencia entre niveles, hasta que se sancionó la Ley de Financiamiento Educativo.[2] ¿Y cuál puede haber sido la razón de esta desproporción en el presupuesto por niveles? Que, en general, los gobiernos atienden más según la capacidad de demanda de grupos sociales, que según la necesidad. Y, como los que tienen mayor capacidad de demanda son los sectores universitarios, siempre se teme más que miles de universitarios hagan una marcha frente a un Ministerio, a que los chicos y chicas de las escuelas rurales dejen la escuela por falta de aulas... Hubo ministros de educación que quitaron fondos a universidades y no duraron ni tres días en sus cargos. Entonces, el que tiene mayor capacidad de demanda consigue incidir en

---

2   Ley de Financiamiento Educativo N° 26.075/2005.

la distribución de los recursos. Deben ser el Estado y los gobiernos quienes contemplen de manera prioritaria las necesidades de los grupos sociales que no tienen capacidad de presión.

En una ocasión, el expresidente Lula da Silva me dijo: "En Brasil tenemos 40 millones de personas con hambre y, en nuestra carrera de dietología, se dedican a ver cómo adelgazan a los ricos, no cómo engordan a los pobres...". Creo que es un ejemplo paradigmático. No importa si la carrera de dietología es o no es de buena calidad. ¿Quién y qué define la buena calidad? Hay un ejercicio liberal de los dietólogos, que se dedican a resolver los problemas de exceso de peso de ciertos grupos sociales. Pero yo creo que la definición de calidad tiene que ver con una función social, y ésa puede ser la perspectiva.

La segunda cuestión que quiero abordar se vincula a recordar que, durante la década del noventa, se presentó una fuerte discusión planteada por el Banco Mundial, acerca del arancelamiento de la universidad. Las razones que esgrimía ese organismo se relacionaban con que a ese nivel educativo accedían los sectores medios y altos. La verdad es que tal argumento es, en rigor, impecable: si los que van a la universidad son los sectores medios y altos, y los que van a la escuela primaria son los sectores bajos, cuando invertimos todo el dinero en la universidad –como ya se comprobó que proporcionalmente era lo que sucedía en el neoliberalismo– ¿qué se prioriza? En el mismo lenguaje del Banco Mundial: la tasa de retorno social de la educación primaria es superior a la de la universidad. Entonces, ¿cuál es la discusión? Cobren la universidad porque ahí van los sectores que la pueden pagar.

Sin embargo, quisiera invitarlos a cambiar el argumento. Invertir en la universidad porque ella es fundamental para la estrategia de desarrollo de un país. Si se lo piensa en términos individuales, es cierto que al formar un contador, éste va a tener mayor tasa de retorno, porque tendrá un estudio. Pero la universidad tiene que formar también profesionales, cuyo saber es el que necesita el país, por ejemplo, ingenieros, que son necesarios para la extracción del petróleo, la construcción

de viviendas, etc. Allí comienza un debate acerca de la autonomía de la universidad para priorizar carreras, ya que no es
razonable que la universidad se mire sólo a sí misma.

En estos años, se han modificado y sancionado muchas
leyes. La Ley de Financiamiento Educativo y de Educación Técnica, que ya mencioné, otras incluso que parecían imposibles
de sancionar, como la Ley de Educación Sexual,[3] y la Ley de
Educación Nacional.[4] La única ley que no se ha cambiado es
la Ley de Educación Superior.[5] ¿Por qué? Porque los actores
que están en la universidad no necesitan cambiar la ley. Ésta
es la tercera cuestión que quería abordar. En última instancia, se cambiaron las leyes de educación, porque había actores
dinámicos que exigían esas modificaciones. No sólo estaba la
voluntad del Estado de cambiarlas, sino que había uno o varios
actores que lo demandaban. ¿Dónde está el actor que deman-
de cambiar las leyes de los años noventa a nivel de Educación Superior? Claramente, deberían ser los estudiantes y/o los
docentes, pero no lo están haciendo. Aunque con excepciones,
tampoco lo hacen los rectores.

Entonces, la cuestión es pensar la universidad no desde
la lógica universitaria, sino desde otra perspectiva. Y esta otra
perspectiva implica preguntarse por el papel que juega la Educación Superior en un modelo de desarrollo.

Argentina está haciendo un avance importantísimo en
materia de Educación Superior. Entre otras cuestiones, se han
creado nuevas universidades más cercanas a la realidad de su
alumnado y vinculadas con las necesidades de desarrollo del
país. Entre ellas, las universidades del Conurbano Bonaerense.

Para poner un ejemplo que nos permita abrir la discusión: ¿la Universidad de Buenos Aires piensa los problemas de
Buenos Aires? Es la universidad con mayor prestigio del país,
con los mejores científicos y especialistas: ¿se piensan en la

---

[3] Ley N° 25.673/2003. Programa Nacional de Salud Sexual y Procreación Respon-
     sable.
[4] Ley de Educación Nacional N° 26.206/2006.
[5] Ley Nacional de Educación Superior N° 24.521/1995.

Universidad de Buenos Aires los problemas urbanísticos de la ciudad?; ¿los problemas medioambientales?; ¿qué hacer con las villas y los asentamientos urbanos?; ¿se piensa el tema del transporte?; ¿y sobre la cuestión de la seguridad? No, es una universidad que no está pensando centralmente en las temáticas de Buenos Aires.

Sin embargo, hay muchas Universidades del Conurbano Bonaerense, que desde sus orígenes se desarrollaron desde una perspectiva distinta, que tienen entre sus objetivos el de mirar la realidad en la que están ubicadas, y al mismo tiempo las problemáticas del país y de sus regiones.

Una universidad no es popular, no es del *"pueblo"*, sólo porque el pueblo esté ahí adentro, ya que esto depende de otros factores. Entre esos factores está el mercado, que regula cuántos pueden acceder a la universidad, la posibilidad y capacidad de cada universidad de tener estrategias de articulación con la escuela media, así como de generar estrategias de permanencia y de egreso de sus estudiantes.

Una universidad que sea popular, que esté al servicio del pueblo, no implica solamente pensar en la población universitaria que alberga, si no deberíamos darle la razón al Banco Mundial y sólo considerar quiénes son los que están dentro de sus claustros.

Al contrario, la universidad debe evaluarse por la función social que cumple. Y, con mayor énfasis, en momentos en que los gobiernos están realizando transformaciones profundas en dirección a ser países más autónomos. Gran parte de la autonomía de los países depende de la capacidad de desarrollar ciencia y tecnología. Y esto sólo puede desarrollarse en el ámbito universitario. Nuestros países no tienen la suficiente inversión privada en ciencia y tecnología que permita generar espacios de conocimiento científico tecnológicos. El único espacio es el universitario.

¿Cómo fortalecemos esta vinculación entre universidad y desarrollo productivo del país? Creo que, desde el 2003 a la actualidad, se ha avanzado y ha habido cambios profundos e importantes. Pero estos cambios llevan mucho tiempo para que lleguen a toda la población, y logren visibilidad. Hay políticas que, desde el Ministerio de Educación, tienden a dirigir la oferta universitaria hacia ciertas áreas de conocimiento necesario para el país, por ejemplo, programas como el PROMEI, de mejoramiento de las Ingenierías, las Ciencias Exactas, etc. Estos programas tienden a focalizar la oferta educativa en las necesidades que tiene el país en general.

En definitiva, estas cuestiones son las que deben ser tenidas en cuenta a la hora de pensar y de evaluar el papel de la universidad para el país.

Universidad para el desarrollo y la justicia social

Emanuel Damoni

Las dos primeras exposiciones de mis colegas en esta mesa de hoy tuvieron un acento en lo conceptual, en la discusión de algunas cuestiones. Por último la intervención de Daniel Filmus, con su trayectoria en política educativa y experiencia habiendo sido el primer ministro de Educación de este ciclo político, que se inauguró en 2003, ha sido esclarecedora en términos de lo realizado en cuanto a política educativa a partir de ese año.

Entonces, retomando las palabras de Filmus, voy a poner el acento en un punto central, que es la continuidad de las políticas públicas que se desarrollan desde el principio de este ciclo político; continuidad que se manifiesta en muchos sentidos: en el aumento del presupuesto destinado al sector, el aumento de la matrícula, el surgimiento de nuevas casas de estudio, más inversión en investigación, desarrollo y transferencia. Podríamos enumerar otros campos en donde se continuó en la senda del crecimiento, pero antes de ello es central tener en cuenta que esto fue posible ya que hubo continuidad en los fundamentos de las políticas públicas hacia las universidades, y en este sentido es central la definición política que sostiene que la universidad no es una institución que se debe pensar desde una lógica interna, endogámica, sino desde una perspectiva nacional y no sólo nacional, sino también latinoamericana, por ser ésta la plataforma a partir de la cual será posible insertarnos en el mundo.

No es casual que en estos años, en el nuevo siglo, haya surgido un nuevo mecanismo de institucionalidad regional, la UNASUR y que, a diferencia del MERCOSUR, ponga el acento en las naciones y no en el mercado, si uno simplemente se guía por los nombres y por las declaraciones, por el tratado de Asunción, que en 1991 creó el MERCOSUR o por la creación de la UNASUR, se puede apreciar lo central de las naciones, y podría ser un punto de partida para reflexionar acerca de la función social de la universidad en esta época. También se trata de poner en perspectiva una vieja disputa histórica: ser un país –y una región– proveedor de materias primas o la aspiración es generar mayores niveles de producción con valor agregado. Y ello no es otra cosa que conocimiento aplicado a los bienes y servicios para generar mejores condiciones económicas que repercutan en mejores condiciones laborales y, por ende, en mejor calidad de vida para el conjunto de la población.

En el mundo acontecen importantes y novedosas transformaciones. No nos estamos insertando en el mundo que surgió después de la caída del bloque soviético, ese mundo también ya cambió. Si uno mira los números económicos de China del año 2000 y mira los de este año, la transformación es radical, enorme. Este nuevo escenario explica, en parte, por qué de modo cada vez más acelerado se está yendo hacia un mundo multipolar. Y de vuelta: ahí la región juega un rol.

Este clima de época, esta situación que está dada y llegó para quedarse, e iremos viendo cómo se desarrolla en su devenir en el marco de las disputas que se darán, lo cual es irreversible. China, Rusia recuperando protagonismo, Brasil, India, Sudáfrica, sumándose.

Este contexto es central para pensar la universidad, antes de actuar, saber cuáles son las coordenadas en las que nos movemos. Hay un viejo dicho oriental, que dice que el hombre es su ubicación, dónde uno está, cuáles son las propias coordenadas de tiempo y espacio en las que nos movemos. Es decir: nuestro propio tiempo y nuestro propio espacio; y reconocer qué características tiene. Allí es donde debemos ubicar la universidad, como primera cuestión general; los futuros profesionales, las futuras investigaciones, desarrollos y transferencias: en el contexto.

Podemos recorrer varias de las acciones que se vienen desarrollando desde el ministerio que hacen justicia a lo que se viene haciendo. Decisiones políticas que no estuvieron exceptuadas de disputas. La primera fue sacar a la universidad pública argentina de la lógica de bien transable en el mercado, que significa que aquel que tiene el recurso financiero para acceder, accede y aquel que no, no accede. No fue una cuestión azarosa, fue la decisión política del ministro Daniel Filmus y del entonces presidente Néstor Kirchner; eso fue central. Retomando lo que decía Filmus: el Estado necesita tomar decisiones políticas, la sociedad las necesita y las necesitamos porque queremos construir un país con un futuro que garantice cada vez más inclusión, más derechos, más garantías y mejor calidad de vida para todos. Para eso las universidades tuvieron que jugar un papel central y eso que quizás hoy–en 2014– parece muy lejano, en 2003 no lo era.

También, en el plano de las realizaciones podemos decir que hubo un aumento presupuestario significativo. El presupuesto nacional para las universidades en 2003 había sido de 1.800 millones de pesos y se evalúa que para el presupuesto 2015, sobre el que se está trabajando en el Parlamento actualmente, la cifra destinada a universidades no será menor de 42 mil millones de pesos. Incluso considerando los índices de inflación, medida con el método que se prefiera, nadie podrá decir que el incremento no ha sido real y enorme en estos años. Y además, ese aumento –como todo lo demás que estoy revisando en esta ponencia– queda en meras palabras: hay más de diez nuevas universidades, con sus edificios, sus docentes, no docentes y estudiantes. Algunas, incluso, han comenzado a tener los primeros graduados. Y esas universidades nuevas vienen a cerrar un círculo federal de distribución de universidades nacionales, que implica que hoy, a más de 200 años de ser una patria independiente, recién se haya podido saldar esa vieja deuda, que consistía en que hubiese al menos una universidad nacional en cada una de las provincias de nuestro país. Eso es desarrollo local, federal y de todas las regiones del país. Esta promesa cumplida tiene otra consecuencia muy importante y que podría considerarse "indirecta": que quienes desean no tengan necesariamente que migrar a las grandes ciudades, con la consecuencia de despoblar vastas regiones con gran concentración demográfica en otras pocas, desarrollando un circuito de desigualdad y asimetría territorial.

El presupuesto creciente que se ha invertido puede observarse ahí, en la mayor cantidad de docentes y no docentes, en que hoy sus ingresos no son simbólicos, y en el hecho de que puedan dedicarse y vivir de ser docentes e investigadores. También el incremento presupuestario determinó que hoy haya más estudiantes universitarios y más graduados que en 2003. Pasamos de poco más de 1.400.000 estudiantes a más de 1.800.000, cerca de un 30% de crecimiento de la matrícula, mientras que el crecimiento demográfico para el mismo período no pasa del 10%. Es decir, que es mayor el incremento de estudiantes universitarios que el crecimiento *vegetativo* de la sociedad. Actualmente, además, se han graduado muchos más estudiantes: en 2003 fueron alrededor de 65.000 y en 2013 finalizaron sus estudios más de 117.000: un crecimiento que ronda el 80% para la misma tasa de crecimiento poblacional. Una de las novedades actuales es que más estudiantes eligen estudiar carreras no tradicionales, como las ingenierías. Este fenómeno es posible porque se crearon y continuaron distintas herramientas de políticas públicas orientadas a lograr esos objetivos: por ejemplo, el sistema de becas, que pasó de otorgar 2.000 a 50.000 en este ciclo. Con este tipo de instrumentos de política pública inclusiva es que contribuimos a un perfil de desarrollo que pone el acento en la producción y no en la valorización y especulación financiera.

Entonces, los resultados no suceden porque sí, ocurren porque se toman decisiones y se generan los mecanismos para acompañarlas. Y esas decisiones políticas implican favorecer a la educación en general y a las universidades en particular. En vez de destinar recursos a la usura de los fondos buitres, se privilegia la educación. Y esto es justo resaltarlo, puesto que todos los políticos dicen estar de acuerdo en que la educación es una de las inversiones centrales de una sociedad, pero muchos, cuando tienen la posibilidad y responsabilidad de gobernar, no honran sus palabras. Al contrario.

Se trata de modelos en disputa, sobre todo de cara al año electoral, un momento del año en que algunos candidatos a presidente dicen: "bueno, no necesitamos tal impuesto, no necesitamos retenciones o el impuesto a las ganancias, etc.", y la traducción de este tipo de afirmaciones es bastante sencilla: se empezará a desfinanciar el Estado, a quitarle los recursos de los que dispone hoy en día. Ese ajuste va a implicar una quita de capacidades al menos financieras en un principio, al transferir dinero de determinadas áreas a otras y entonces ahí se regresa a escenarios que ya hemos conocido. No es una cuestión menor, hay que tenerlo en cuenta, porque las cosas no suceden *por obra del espíritu santo*, al menos no este tipo de cosas, y están bien explícitas en los modelos en disputa en un año electoral.

Todas estas discusiones son centrales, desde aquellos que tenemos una convicción firme del rol de la Educación Superior con una perspectiva pública, con una perspectiva democrática, no sólo en el sentido en que sea el Estado quien corra con los gastos, sino pública, en el sentido del impacto de este tipo de políticas. Cada vez la universidad debe generar mayores utilidades sociales –por decirlo de algún modo–; utilidades para el conjunto de la sociedad e incluso para aquellos que nunca asistirán a la universidad, pero a los que la universidad les debe proveer soluciones y mejoras en su calidad de vida.

Un ejemplo muy pequeño, pero que grafica todo lo que he desarrollado hasta ahora: hace unos días el Ministerio lanzó una convocatoria para proyectos con universidades de la cuenca Matanza Riachuelo, vinculada a actividades de extensión o transferencia. Probablemente muchas de las personas, de los jóvenes o de los adultos que habitan esa cuenca, inserta en el área metropolitana de Buenos Aires, la zona más densamente poblada del país, no van a ir a la universidad. Pero, si la universidad con sus proyectos puede mejorarle la calidad de vida a partir de la remediación del índice de contaminación, de la reutilización de algunos residuos que se puedan transformar en bienes que sean útiles para mejorar las condiciones de vida, ahí la universidad tiene un sentido público y la función social que adquiere más sentido y visibilidad.

Yo empecé a estudiar en la universidad, a fines de los años 90, cuando la disputa política era entre el financiamiento por parte del Estado, garantizando la gratuidad, y el desfinanciamiento y la privatización; la lógica de servicio de mercado. Y la verdad es que, en nuestro relato, centrábamos la discusión de lo público en el financiamiento y en la gratuidad. Una gratuidad relativa, porque es gratis para la persona que va a la universidad, pero no para el Estado, que al asumir el costo de sostener la universidad, garantiza la gratuidad para el estudiante. Ahora bien, creo que ahí la gran discusión de fondo tiene que ver con el sentido de lo público ¿Cuál es nuestra idea de lo público? ¿Qué es lo público?

Si lo público es solamente que el Estado sea quien corra con los gastos, se trata de una mirada de *"sábana corta"*: nos taparemos la cara, pero nuestros pies quedarán descubiertos. Otra concepción de lo público es la que se evidencia en las políticas concretas que se implementaron en estos doce años: estamos hablando en representación del Ministerio, no como analistas, y, en ese sentido, me quedo con una de las últimas reflexiones de Daniel Filmus: pensar las necesidades desde la universidad. Él hablaba de los urbanistas, de los especialistas en materia de seguridad, de un montón de cuestiones, entre las cuales podríamos incluir lo dicho sobre la cuenca Matanza Riachuelo y, todos los problemas que tiene y va a tener la Nación, porque cada vez que resolvemos un problema, tenemos que pensar en los nuevos objetivos: cada punto de llegada para nosotros es un nuevo punto de partida.

A la vez, hay una cuestión estratégica fundamental, que es la relación entre la política y la academia –los investigadores–, aquellos que se dedican a producir innovaciones en materia de conocimiento, sea éste *"duro"* o *"blando"*. Quizás muchas universidades, investigadores y docentes produzcan investigaciones muy interesantes, sobre variados desafíos y necesidades desde una perspectiva de democratización para mejorar las condiciones de vida de nuestro pueblo, fin último y fundamental, pero lo que nosotros necesitamos es que esas investigaciones, además de ser serias y propositivas, dialoguen e interactúen con la política, porque la política es estratégica para poder instrumentar los cambios, la política es –en última instancia–, lo decisivo.

Es necesario recuperar la confianza entre estas partes. No trabajar desde una perspectiva de resistencia, trinchera o aislamiento. Esto es parte de un proceso, sobre el cual se vienen generando acciones concretas. En este sentido es que estamos trabajando muchísimo, tratando de asociar la universidad con YPF (Yacimientos Petrolíferos Fiscales); con ENARSA (Energía Argentina SA); con CAMMESA (Compañía Administradora del Mercado Mayorista Eléctrico); con la ACUMAR (Autoridad de la Cuenca Matanza Riachuelo). Para la escuela secundaria es central el fortalecimiento de la formación en Ciencias Exactas y Ciencias Naturales, en planes estratégicos de formación de futuros ingenieros; estrechar los vínculos con la cancillería para internacionalizar la Educación Superior en consonancia con la estrategia de inserción internacional de nuestro país que privilegia a la región, y con los otros Ministerios del Estado nacional, con los planes estratégicos elaborados por la cartera de industria; de agricultura, ganadería y pesca, de innovación y ciencia y tecnología; en fin, con el objetivo de articular el sistema de Educación Superior con los organismos públicos en los distintos niveles del Estado. Es un conjunto de iniciativas centrales para recuperar esta confianza, porque si no tendremos como problema que se establecerán caminos paralelos, que generarán el doble de costo y la mitad –o menos– de las soluciones.

Toda la sociedad realiza un esfuerzo al invertir en la universidad, tenemos docentes e investigadores, que desarrollan notables proyectos con propuestas, recomendaciones, sugerencias sobre modos de abordaje de determinadas problemáticas, pero si no logramos establecer un real diálogo con el poder político, con las instituciones de la política, sea el Estado, el

Poder Ejecutivo, el Legislativo, el riesgo es que sigan corriendo en paralelo, y tengamos, por un lado, buenas bibliotecas y, por otro, funcionarios, dirigentes o representantes legislativos que estén escindidos de esos conocimientos. En ese vínculo hay una clave, algo para agregar a todo lo que ya se dijo en el panel, y que es estratégico para el futuro, para poder asociar cada vez más universidad, Estado y sociedad, desde la voluntad de generar soluciones que impacten en la mejora de la calidad de vida del conjunto. Allí, cobra sentido la idea de que *democratización* es más que el Estado, garantizando financiamiento, es el *para qué*, y se trata de definir este punto como la mejora permanente de la calidad de vida del conjunto de la sociedad, especialmente los más perjudicados. Ése, entendemos, debe ser el rol de la universidad en el Siglo XXI.

Preguntas del público y comentarios del panel

Público: Según la mesa, distintos dilemas atraviesan la Educación Superior. Hay un pensamiento africano que dice: "Si no sabes a dónde vas, vuelve atrás para saber de dónde vienes". La reforma de Córdoba de 1918 tuvo un mentor ideológico, filósofo y anarquista, que fue Manuel González Prada. Él nutrió ideológicamente a los reformistas de Córdoba, es también quien puso en crisis el sistema social, ideológico, político, económico peruano, junto a De La Torre, a quien luego los reformistas tomaron como un maestro ideológico. González Prada se planteaba –y de ahí la pregunta– universidad pública, ¿para qué? Como decía Daniel Filmus, debemos preguntarnos hacia dónde caminamos o queremos caminar. Hoy hay un proyecto político que es el tratado de UNASUR con varios objetivos, uno de ellos es buscar la ciudadanía sudamericana.

El tratado de UNASUR ya está vigente–en Argentina también–, es entonces en este contexto institucional y en la universidad pública hacia donde se debe caminar. Sin embargo, no se ha citado a Perú, ni la relación de Colombia, ni la relación de México o Chile. Perú, hace un mes, tuvo un examen de ingreso a la Universidad Nacional Mayor de San Marcos (UNMSM) de Lima, 20 mil postulantes para 2 mil ingresantes en 2014. Yo soy peruano, egresé en 1985 y me presenté al concurso, éramos 14 mil postulantes para casi 2 mil vacantes, es decir, en 2014 el proceso sigue siendo el mismo, entonces ¿qué ha variado?

La reflexión sería: es necesario ese diálogo político que debe tener la universidad, como explicaron los últimos expositores. La Universidad de Buenos Aires, que figura en la Constitución como constructora de soluciones de las cuestiones sociales, no actúa como tal de hecho. Debe existir ese diálogo sociopolítico de la universidad con los problemas del país.

Y tiene que plantearse algún tipo de justicia educativa, para superar esa desigualdad que en la Argentina todavía no se ha logrado.

Público: Quería preguntar sobre el sistema de convalidación de títulos de personas extranjeras. La universidad pública de argentina recibió a muchos y muchas que somos extranjeros, que venimos a estudiar en las mismas condiciones que los argentinos, de forma gratuita, en una universidad inclusiva. Me gustaría saber si tienen iniciativas en el sistema de convalidación de títulos universitarios, más allá de las que se vienen desarrollando en el MERCOSUR. ¿Argentina tiene alguna política específica de convalidación de títulos universitarios para extranjeros?

Público: La Dra. Marrero planteaba la cuestión de la calidad, y la calidad según comprendí es clave como una forma de exclusión ¿No es posible desde su perspectiva pensar también la calidad como una exigencia a la universidad, como una exigencia de democratización, es decir, no es posible pensar el aseguramiento de la calidad como un proceso democratizador?

En toda la bibliografía, la democratización está tomada como masificación de la Educación Superior. Sabemos los problemas que eso ha generado, se llenaron las aulas, se crearon instituciones de absorción de demanda, pero ha llegado el momento de replantear esas universidades: ¿es posible darles un giro y que se especialicen?, ¿podrían plantearse como universidades profesionalizantes? Es decir, no necesariamente de investigación, sino plantearse como universidades que sean muy buenas profesionalizando o maximizar el área de extensión.

Panel

Dra. Marrero: Bueno, ya hablando como socióloga, haciendo una especie de análisis de discurso. La calidad es buena, cuando decimos alta calidad. La cuestión es que es una palabra, primero sumamente polisémica, justamente el modo en que se la usa es lo que importa, y el modo en el que se escucha decir buena calidad, mala calidad, o buena universidad, mala universidad por lo general indica que buena es una universidad con los más altos estándares de publicaciones, doctorados, etc. Si hay más universidades, hay más universitarios, aunque no todas son de buena calidad, sino que algunas son de una calidad inferior. Allí, retomo lo que decían Daniel Filmus y Emanuel Damoni, se piensa en universidades con un modelo sumamente intelectualista, teórico, un modelo de carrera universitaria, que está ligada a producir conocimiento que sea aceptado en revistas internacionales indexadas, o las bases de datos como SCOPUS, por ejemplo.

También el modo como se evalúa está muy orientado a la universidad, a generar un conocimiento que sea pertinente para el Norte, que es el que acepta los artículos en inglés y según las necesidades de ese lugar. Si yo publico sobre los problemas latinoamericanos, tendré que publicar en alguna revista de estudios latinoamericanos, pero verdaderamente eso no se reconoce como conocimiento legítimo al momento de evaluar una buena carrera académica; para ello hay que publicar en el exterior.

Creo que la universidad tiene que abandonar la idea de un único modelo de investigador, un único modelo de enseñanza, tienen que haber también universidades profesionalizantes, cuando digo técnicas, cuando hablamos de las ingenierías, la técnica y la tecnología, existen muchos niveles. Tenemos que formar. Nosotros tenemos muchos ingenieros, pero vienen las inversiones extranjeras a poner una planta y no tenemos buenos soldadores, o personal que maneje lo último en tecnología. Son egresados de nivel terciario, es decir, no podemos seguir pensando que el trabajo intelectual es superior al trabajo más manual, al final seguimos reproduciendo la idea de que la universidad es para el trabajo intelectual y el trabajo manual es para otros ámbitos.

Creo que verdaderamente tiene que haber nuevas maneras de pensar la universidad y que puede ser democratizadora. También creo –en esto tengo quizás una diferencia con Daniel Filmus–, que la universidad, pensada como tú dices, tiene una enorme capacidad de retorno en lo que tiene que ver con lo social, porque si nosotros logramos que los maestros, que los profesores sean universitarios, tengan un muy buen nivel, investiguen cómo se enseña en ese lugar en donde los chicos vienen descalzos a la clase, eso requiere investigación nuestra, propia, adecuada. Si formamos esos docentes en los niveles universitarios, vamos a tener un aumento en la mejora de la primaria y la secundaria, porque van a ser profesores que si no siguen la carrera académica, igualmente, van a poder solucionar los problemas que se les presentan.

Lic. Damoni: Con respecto a la pregunta de los títulos y los convenios de reconocimiento, se viene trabajando en el marco del MERCOSUR educativo y UNASUR. Sucede que tiene su complejidad, y además distintos niveles: el reconocimiento de los estudios de secundaria para hacer estudios de grado y el reconocimiento de los estudios de grado para hacer estudios de posgrado. Por ejemplo, trabajamos en casos de estudiantes de posgrado de Ecuador, Colombia, Venezuela –mayoritariamente de la región–, en carreras como medicina u odontología. Se trabajó mucho con el Ministerio de Salud para generar una normativa que reconociera, avalara y permitiera a los estudiantes hacer cursos de posgrado, teniendo en cuenta que suponían la interacción con personas, la práctica en un consultorio, etc. Lo cual tenía que tener un modo de validación, porque si no corren un riesgo la universidad, los ministerios, etc. y no sólo el individuo que está desarrollando la práctica. Es una necesidad sobre la que se está trabajando y que está en la agenda, reconozco que a veces no vamos a la velocidad que quisiésemos, pero entiendo que también eso es parte de la misma complejidad del tema.

Me gustaría aclarar otra cuestión, cuando se habla de reconocimientos entre títulos, por ejemplo alguien que estudia en Brasil una carrera de grado y después quiere estudiar en Argentina, hay que ver qué carrera es y si requiere validación del colegio profesional, incluso hay casos de estudiantes argentinos de derecho de Buenos Aires, que se gradúan y matriculan en el colegio de abogados de esta ciudad, después no pueden ejercer en las provincias de Córdoba, Salta, Jujuy, etc.

La complejidad tiene varios niveles, la del ejercicio profesional y la del reconocimiento académico. Desde el ministerio, trabajamos básicamente en el reconocimiento académico para darle fluidez a los circuitos de estudio de aquellos que vienen a estudiar aquí –ya sea carreras de grado o posgrado–. Después, está el ejercicio profesional, que es un capítulo aparte porque involucra matrícula profesional y los colegios profesionales de cada disciplina, lo cual supone más actores y mayor complejidad. Sí se está trabajando, incluso con muchos países ya se han desarrollado convenios de reconocimientos mutuos de carreras validadas por algún tipo de comisión evaluadora o una institución externa a la universidad, el tema es parte de la agenda.

Dr. Lamarra: En primer lugar, quisiera celebrar el debate, porque creo que es fundamental este intercambio. Sobre el tema de la Reforma de Córdoba de 1918, mi punto de vista no es glorificarla, lo que digo es que ese proyecto, a lo largo de estos 100 años, nos hubiera ayudado a pensar. No sabíamos que el punto de vista de la reforma de Córdoba era de los sectores de la clase media, que estaban apareciendo y trataban de ubicarse socialmente frente a la oligarquía, sobre todo en la Universidad de Córdoba, por eso cambiaron totalmente las condiciones sociales culturales, en Argentina y América Latina. Lo que digo es que hay una cantidad de principios incumplidos, que tendríamos que actualizarlos a esta época. A 100 años, el mejor homenaje a esa propuesta reformista es tener una propuesta superadora.

No glorifico el tema de la autonomía, que es un tema muy importante a debatir porque en las universidades de América Latina, menos en la Argentina, donde se la ha convertido en la coraza de la corporación universitaria y –como decía Daniel Filmus– sirve para que no cambie nada. Como una manera de aportar especialmente al debate, ojalá para el año 2018 tengamos entre todos: gobierno, partidos políticos, sectores sociales, sectores diversos, universitarios, una propuesta superadora. Soy algo pesimista, pero ojalá la realidad me desmienta.

Con respecto a la calidad, tengo un libro dedicado a la calidad y todas las definiciones, no sólo en Argentina, sino en toda América Latina. Hay una frase que tomo como ejemplo de un especialista en el tema de calidad –no educativa, sino en general– de mediados del siglo pasado, que dice "yo no sé qué es la calidad, pero cuando la veo la reconozco". Es muy elemental, insisto, el tema de la pertinencia no sólo académica, sino social, lo cual daría lugar a una extensa discusión. Por ejemplo, los mexicanos tienen una variedad de distintos modelos de Educación Superior con distintos tipos de instituciones.

Otro tema, sobre el que vengo escribiendo hace diez años, es la necesidad de crear un espacio latinoamericano de Educación Superior. Los europeos, a pesar de las posguerras, lo pudieron hacer con cuarenta y siete países que integran el espacio europeo. En América Latina, deberíamos trabajar en eso, en vez de celebrar la diversidad de instituciones, ojalá lo logremos, pero a estas alturas soy pesimista.

Un tema más es el de estimular la cooperación Sur-Sur, es decir, no sólo la Norte-Sur, sino trabajar con doctorados, posgrados, carreras con dobles titulaciones y el tema del reconocimiento de título. A principios del 2000, hice un estudio para la Organización Internacional de Migraciones, con los cuatro países fundadores del MERCOSUR: Brasil, Argentina, Paraguay y Uruguay, donde veía todas las posibilidades y las dificultades para ese tema, porque cada uno de estos países tienen reconocimientos profesionales regulados. Europa, con años de Unión Europea, ha ido resolviendo esos temas gradualmente para ciertas carreras. Es complejo, pero creo que la iniciativa del MERCOSUR y los dos programas de reconocimiento académico de los títulos ayudan, el tema es que el reconocimiento en las profesiones en el MERCOSUR está en una comisión distinta a la de Educación, no es el MERCOSUR educativo.

Argentina tiene todos los atributos, la capacidad política y universitaria para tomar la iniciativa de convocar a un espacio latinoamericano de Educación Superior; sin embargo, a pesar de la política latinoamericanista y de América del Sur, que se llevó en adelante estos diez años de gobierno, faltó esto punto. Quizás, porque tampoco los universitarios lo vemos como necesario, en esto coincido con Daniel Filmus, que a veces nuestra mayor restricción no viene de las políticas externas, sino de la falta de dinámica de las universidades para producir cambios. Estamos terminando una investigación sobre el tema de la innovación en la universidad Argentina, tomando seis o siete casos de buenos ejemplos de innovación. Bueno, como ven, es mucho lo que uno tiene que discutir, debatir, investigar, y ojalá esta iniciativa haya sido útil para motivar la discusión.

Capítulo II

Sistemas nacionales de Educación Superior
Moderadora: Mercedes Botto (FLACSO–Argentina)

Educação Superior no Brasil

Apontamentos e mudanças recentes

MARIA CARLA CORROCHANO, KELEN CHRISTINA LEITE Y ROSANA BATISTA MONTEIRO

Introdução

A presente exposição é resultado de algumas incursões em torno da Educação Superior no Brasil, suas características gerais e transformações recentes, especialmente no que se relaciona ao processo de expansão observado neste nível de ensino nas últimas décadas no país. Sua produção se deu no âmbito do projeto "Buenas Prácticas en Educación Superior: un estudio comparado con IES de Argentina, Brasil y Uruguay" do qual somos parte integrante desde setembro de 2013. A pesquisa é realizada com apoio do Núcleo de Estudos e Investigações em Educação Superior do Setor Educativo do MERCOSUL.

A despeito de serem parte de uma mesma região geográfica, evidenciam-se nesses países modos diversos de responder aos desafios da expansão do ensino superior no escopo de transformações tanto de natureza ideológica quanto cultural, política, social e econômica em cada um dos países. Mesmo na Argentina e no Uruguai, cujos sistemas de Educação Superior possuem características similares, com uma forte afinidade linguística e cultural, diferenças significativas são percebidas. O sistema brasileiro se apresenta ainda mais diverso e complexo em comparação aos demais países, com desafios significativos em termos de inclusão na educação superior, a despeito das ações públicas desenvolvidas nas últimas décadas.

Dado os limites dessa apresentação, pretende-se evidenciar, em um primeiro momento, algumas características peculiares e persistentes do sistema de Educação Superior no Brasil, para focalizar, em um segundo momento, algumas transformações econômicas e políticas recentes no país que permitem compreender, ainda que não em sua totalidade, os desafios do processo de expansão da Educação Superior no Brasil. Em um terceiro momento, serão apresentados alguns dados e algumas políticas públicas implementadas a partir da década de 2000 que, embora com alguns limites, colaboraram para ampliar a presença das camadas populares na Educação Superior do país. Trata-se de um estudo ainda em construção e que foi realizado a partir da sistematização de dados secundários, de caráter quantitativo e qualitativo.

Ensino Superior no Brasil. Características peculiares e persistentes

A origem e desenvolvimento dos sistemas de Educação Superior estão intrinsecamente relacionados aos processos econômicos, sociais, políticos e culturais mais amplos dos países não havendo, portanto, um só modelo de educação superior.

No Brasil, diversamente dos países vizinhos, que tiveram suas primeiras universidades instaladas já no século XVI, as primeiras instituições tardaram a se estabelecer em função de uma deliberada política da colônia portuguesa de desincentivo e proibição de sua instalação.[1] Ainda que um conjunto de estabelecimentos de Educação Superior tenham se desenvolvido no período jesuítico, este nível educacional, tal como se caracteriza atualmente, é resultado de múltiplas e diferenciadas instituições criadas no início do século XIX, com a transferência da sede do poder metropolitano para o Brasil, em 1808,

---

[1]   Uma das razões era a tentativa de impedir a articulação dos estudos e estudantes universitários aos movimentos de independência, especialmente a partir do século XVIII. Para uma análise mais detalhada dessa história, ver Cunha (2007).

tendo "se estabelecido nos marcos da dependência econômica e cultural, aos quais Portugal estava preso, respectivamente à Inglaterra e à França" (Cunha, 2007, p.153).[2]

Seguindo o modelo universitário francês ou napoleônico, Dom João VI não criou universidades, mas um conjunto de instituições isoladas de ensino superior na perspectiva de formação de profissionais específicos, tais como as de Medicina, na Bahia e Rio de Janeiro, em 1808, dentre outras. De fato, dessa origem depreende-se uma das principais características do campo do ensino superior no Brasil, a fragmentação institucional marca que ainda persiste até o momento presente: as universidades convivem, lado a lado, com um conjunto de outras instituições menores, credenciadas pelo governo federal para diplomar profissionais em diversas especialidades (Idem, 2007).

Ainda na perspectiva de Cunha (2007), outro aspecto persistente na estrutura do ensino superior brasileiro é seu caráter privado: mesmo com a significativa expansão da rede pública nos últimos anos, como será visto adiante, dados da Pesquisa Nacional por Amostragem Domiciliar (PNAD, 2013) revelam que 71,1% das matrículas estavam vinculadas a instituições privadas de ensino, em 2013. De acordo com dados do INEP (Instituto Nacional de Estudos e Pesquisas Educacionais) (2013), as matrículas em instituições de Educação Superior (IES) públicas, em 2013, totalizavam 1.932.527 diante de 5.373.450 em IES privadas.

Não são poucos os estudos que tem se dedicado a explicar essas características peculiares e persistentes do ensino superior no Brasil, não cabendo, nos limites dessa exposição, explorá-las em sua profundidade. No entanto, considerando esta segunda característica, relacionada ao caráter privado do ensino superior no Brasil, cabe destacar alguns de seus elementos, bem como os esforços das políticas públicas mais

---

2   Cunha, L. A. (2007). "Ensino Superior e Universidade no Brasil." In: Teixeira, M. L.; F. Filho, L. Mendes; Veiga, C. Greive. 500 anos de educação no Brasil, Belo Horizonte: Autêntica.

recentes em produzir alterações nesse marco, embora o País ainda esteja distante de uma oferta pública predominante, tal como outros países latino-americanos.

Historicamente, pode-se dizer que o Estado brasileiro implementou políticas muito mais ativas na perspectiva de privatização da Educação Superior e bastante contido na criação de vagas públicas e de alternativas mais amplas de acesso. Do mesmo modo, pode-se dizer que os modelos universitários implementados no país atenderam mais diretamente aos interesses e necessidades das elites econômicas, políticas e culturais em cada período.

As primeiras iniciativas de expansão, marcadas pela facilitação do acesso nas primeiras décadas da República, sofreram resistências e medidas de contenção. Havia um temor de que a expansão pudesse comprometer a eficácia do diploma de ensino superior como instrumento de discriminação social eficaz e legítimo e a função de formação das elites oligárquicas, especialmente diante dos movimentos reivindicatórios dos trabalhadores e de outros segmentos da população no início do século XX. O ingresso no ensino superior deveria permanecer útil na formação dos intelectuais da elite brasileira a partir da ideologia do bacharelismo. Ao mesmo tempo, há um movimento de desoficialização do ensino e contenção da "*invasão*" de novos ingressantes. Nessa perspectiva, foram introduzidos os exames de admissão a todos os candidatos a vagas nas escolas superiores. Um conjunto amplo e diversificado de reformas foram realizadas ao longo do século XX, mas será apenas no início do século XXI que, ao lado do caráter seletivo e discriminatório dos chamados exames vestibulares, serão implementados outros mecanismos de acesso a esse nível de ensino (Cunha, 2007).

À semelhança de outros países, será somente depois da II Guerra Mundial que o ensino superior no país vivencia um período mais intenso de expansão quantitativa, como salienta (Almeida, 2012, p.27)[3] fruto da:

> (...) liberalização e expansão dos direitos humanos, o crescimento da ciência, a ascensão de doutrinas e ideários de desenvolvimento nacional e a estruturação de organizações no mundo político que promoveram discursos e modelos em prol da educação. Enfatiza-se também –e esse é um aspecto central a reter-, ao analisar pesquisas comparativas, que se tratou de um fenômeno mundial, ou seja, a expansão do ensino superior foi um evento global único ocorrendo nas décadas seguintes à Segunda Guerra.

Considerando que não é possível refletir sobre os diferentes níveis de ensino de maneira desarticulada, pode-se dizer que esse processo de expansão esteve intrinsecamente articulado à ampliação das oportunidades de escolarização no ensino secundário a partir da década de 1950 e pela equivalência dos cursos médios aos secundários, garantida pela Lei de Diretrizes e Bases da Educação Nacional de 1961. O aumento das taxas de cobertura nesses níveis aumentou a pressão pelo ingresso pelo ensino superior. Nesse momento, a resposta do governo federal veio sob três formas: a criação de novas faculdades em lugares onde antes não existiam ou só existiam instituições privadas, gratuidade dos cursos superiores em instituições federais, federalização de faculdades públicas e privadas, reunindo-as, na sequência, em universidades (Cunha, 2007, p.171). Esse processo, no entanto, não aconteceu sem forte resistência dos representantes das instituições privadas que tinham presença obrigatória no Conselho Federal de

---

3 Almeida, W. M. de. (2012). "Ampliação do acesso ao ensino superior privado lucrativo brasileiro: um estudo sociológico com bolsistas do ProUni na cidade de São Paulo." 2012. 294f. Tese (Doutorado em Sociologia) – FFLCH, Universidade de São Paulo, São Paulo.

Educação, também criado na LDB de 1961. A reforma universitária, dos anos 1960 e 1970, responderá muito positivamente a essa resistência.

Ainda segundo Cunha (2007), será apenas a partir da Reforma do ensino de 1968 que se efetivaram condições institucionais para a formação da universidade brasileira. De fato, a ditadura militar (1964–1985) trará efeitos bastante contraditórios para o desenvolvimento do ensino superior no país, tal como sintetizado por Oliven (1993, p.75 apud Almeida, 2012, p.31):

> (...) a fim de resolver o dilema da demanda por mais vagas na universidade, que excedia de longe o número de pessoal altamente qualificado requerido pelos setores modernos da economia, o governo incentivou o divórcio entre a expansão qualitativa –que se fez pela implantação dos programas de pós-graduação– e meramente quantitativa, resultante da disseminação de faculdades isoladas, mantidas predominantemente pelo setor privado.

É nesse momento que se fortalece e de certo modo se altera o caráter privatizante do ensino superior no País, com uma grande "proliferação e hegemonia de faculdades isoladas e privadas, academicamente precárias, economicamente mais baratas e politicamente inócuas frente à ideologia prevalecente" (op.cit, p.76). A expansão do setor público retraiu-se de modo significativo, sendo realizada até o início dos anos 2000 com forte *"contenção"*, justificada, em grande medida pela "falta de recursos financeiros." A não expansão tanto do setor público federal, quanto do setor confessional, abriu espaço para a intensificação da presença do setor empresarial. No entanto, como evidencia Almeida (2012, p.34), o Estado também desempenhou um papel ativo nesse processo, incentivando o ensino de cunho lucrativo, por meio de ações no referido Conselho Federal de Educação, pela inscrição nas constituições brasileiras de apoios e financiamentos ao setor privado lucrativo, e também pelos vários convênios e acordos realizados, tais como os Acordos MEC–USAID no período da Ditadura Militar.

Cabe reforçar que o ensino superior privado, implantado a partir desse momento, é bastante distinto do existente no momento precedente, parecendo mais profícuo qualificá-lo como "setor privado lucrativo", tal como defendido por Almeida (2012, p.35). Este setor é bastante diverso de outras instituições privadas de ensino superior, tais como instituições privadas comunitárias, confessionais, fundações de direito privado, autarquias, etc. que, embora cobrem mensalidades, não revertem seus lucros para os proprietários e seus herdeiros (op.cit, p.35).

Assim, o Brasil, comparado a outros países, teve uma singularidade na institucionalização do ensino superior que perdura até os dias de hoje: o predomínio marcante da iniciativa privada com a expansão, apoiada e induzida pelo Estado brasileiro, das instituições privadas de ensino superior com fins lucrativos.

A expansão do ensino superior na década de 1990. Persistência e ampliação do apoio ao privado lucrativo

É mister insistir que as mudanças no campo do ensino superior não podem ser desvinculadas dos processos de transformação sociopolítica e econômica nos contextos nacional e internacional. Nesse sentido, a ampliação da expansão do ensino superior por meio do setor privado lucrativo na década de 1990, no Brasil, não pode ser desvinculada do processo de reestruturação capitalista, instaurada a partir da crise dos anos de 1970 e levada a cabo nos anos de 1980, intensificada nos anos de 1990 e fazendo sentir suas consequências nos anos 2000 que envolveu todo o processo produtivo em nível tecnológico e organizacional; as relações de trabalho, isto é, os modos de contratação, de uso e remuneração da força de trabalho e também as políticas do Estado, que foram um dos pilares do modo de regulação anterior. Estaríamos, ao lado dos aspectos econômicos, também diante de uma crise de valores que com a implementação das políticas neoliberais reestruturam as políticas públicas, em especial as voltadas para educação e, de modo particular, o Ensino Superior.

A vitória de Fernando Collor, em 1989, à Presidência da República, derrotando o então candidato Luiz Inácio Lula da Silva, quando a inflação atingia 1.320% ao ano, serviu para acelerar a implementação da estratégia neoliberal, já adotada no Chile por Pinochet, na Inglaterra por Thatcher, nos EUA por Reagan e assim por diante, apresentando-se como a alternativa incontestável.

Deste modo, o início dos anos de 1990, no Brasil, foram marcados por: desemprego crescente, precarização e terceirização do trabalho, redução de direitos, diminuição de salários, endividamento dos Estados, imposição de políticas monetaristas e planos de autoridade vindas do pela crescente adesão ao Consenso de Washington, instaurando-se, deste modo, a reestruturação do capitalismo em nosso país. As consequências dessas políticas, ditadas do exterior, se fizeram e se fazem sentir ao longo dos anos de 1990 em várias áreas, dentre elas a educação básica e especialmente superior.

Mas o olhar para esse contexto de mudanças, especialmente relativas à reforma do Estado, não pode obscurecer algumas transformações na própria política educacional para o ensino superior no período. Nesse sentido, a política educacional para o ensino superior do governo de Fernando Henrique Cardoso (1995–2002), ao defender a necessidade de expansão do sistema, buscou, ao mesmo tempo, estimular a concorrência interna no setor privado e, mediante o Exame Nacional de Cursos –Provão–, garantir o controle da qualidade da oferta da educação superior. Na análise de Cunha (2003, p.53, Apud Almeida, p.49):

> (...) houve a passagem de um capitalismo patrimonial para um capitalismo concorrencial. Usa tais termos porque nesse instante passa a constar, também no Decreto n. 2.306/97, a determinação de que as instituições privadas teriam que cumprir normas

–demonstrativos financeiros devidamente auditados, aplicação de parte das receitas para pagamento para professores e destinação para bolsas escolares– se quisessem continuar a usufruir da isenção de impostos. As IES privadas que não o fizessem passariam a pagar os devidos impostos e contribuições como qualquer outra empresa que visa ao lucro... é a 'privatização do privado´ (...) então a política do governo é no sentido de eliminar esses privilégios [incentivos fiscais], estabelecer mecanismos do capitalismo concorrencial.

Os anos 1990 ficaram marcados pelo sucateamento das Universidades Públicas Federais e uma ampliação e fortalecimento sem precedentes do Ensino Superior Privado, reafirmando, assim, todos os pressupostos da política neoliberal implantada no país. No final desse período consolida-se uma nova etapa no desenvolvimento do setor privado lucrativo, com a entrada dos fundos de investimento, "a face dominante do grande capital no mundo que vivemos, com indivíduos que sabem, profundamente, os mecanismos de como maximizar capital a plena potência" (Almeida, 2012, p.61).

De acordo com Alfinito (2007)[4] entre os anos de 1974 e 1983, as instituições públicas de ensino superior tiveram um crescimento de 20,59% enquanto as privadas decresceram em –2,54%. No período entre 1984 e 1993, as públicas decresceram em –7,14% e as privadas cresceram 7,06% e, entre 1994 e 2003, as públicas mantiveram-se em queda, com –5,05% e as privadas cresceram 160,98%.

Para Silva Junior (2008)[5] o referido sucateamento da IES públicas pode ser evidenciado pelo repasse de recursos às Universidades Federais do Sudeste do Brasil (São Paulo, Minas Gerais, Rio de Janeiro e Espírito Santo) no período entre 1995 e 2001 em que houve uma diminuição de R$5.000.000,00 (cinco

---

4   Alfinito, S. (2007) *Educação superior no Brasil: análise do histórico recente (1994-2003)*, Brasília: INEP, 2007. Disponível em: www.inep.gov.br (acesso em maio de 2015).

5   Silva Júnior, J. dos R. (2008). "Mudanças nas universidades públicas no contexto da mundialização do capital." In Rev. ECCOS, São Paulo, v.10, n. especial, p.95-131.

milhões, de acordo com dados corrigidos pelo IGP–DI da FGV). Em 1995, as sete Universidades Federais do Sudeste do Brasil receberam juntas, R$16.155 milhões e, em 2001, R$11.863 milhões. O autor destaca ainda que,

> "uma reforma do ensino superior a conta-gotas, desde 1995, em cujo centro se encontrava, entre outras tendências, a redução do papel do Estado brasileiro no financiamento das instituições de educação superior, ao lado do incentivo velado à privatização e internacionalização desse nível educacional" (Silva Jr., 2008, p.117).

Nos anos que se seguiram é possível observar certa estabilidade nos investimentos, porém, no patamar alcançado em 2001.

Educação Superior no Brasil nos anos 2000. Permanências e mudanças

O início do governo de Luiz Inácio Lula da Silva, em 2003, enfrentou inúmeras dificuldades e foi praticamente dominado pelas condições econômicas advindas da década de 1990 e de seu antecessor, o Presidente Fernando Henrique Cardoso. Embora se tivesse atingido, a duras penas, uma estabilidade monetária a dívida pública tinha dobrado, o déficit em conta corrente era o dobro do encontrado em outras economias da América Latina, as taxas de juros eram altíssimas, taxas nominais em cerca de 20% e o real, trunfo do governo anterior, havia se desvalorizado em quase 50% no último período (Anderson, 2011).[6]

Não cabe, nos limites dessa exposição, realizar uma análise dos governos de Luis Ignácio Lula da Silva e de Dilma Roussef no período, mesmo porque são várias e distintas

---

6   Anderson, P. (2011) "O Brasil de Lula." In Novos Estudos CEBRAP 91, p. 23-52. SP.

interpretações existentes (Anderson, 2011; Boito, 2006[7], 2012[8]; Pochmann, 2011).[9] O que se deseja aqui é um olhar sobre as persistências, mas também algumas mudanças significativas para a educação superior, especialmente a ampliação da oferta pública nesse nível de ensino.

As iniciativas do governo federal nesse âmbito englobam: uma política de expansão das Universidades Federais em 2006, o Programa de Reestruturação e Expansão das Universidades Federais (REUNI) implantado em 2009; o Programa Universidade para Todos (ProUni) de investimento estatal nas Instituições Privadas; o Programa Nacional de Acesso ao Ensino Técnico e Emprego, os Institutos Federais, o Curso Pedagogia da Terra, os Cursos para os conselheiros municipais; a Escola de Gestores; a Universidade Aberta do Brasil (UAB), com grande incentivo e expansão do ensino a distância. Cada um desses programas mereceria um aprofundamento, o que não será possível nos limites dessa exposição. No entanto, alguns números merecem análise e destaque.

Considerando-se os referidos programas podemos afirmar que houve expansão da Educação Superior no Brasil após longo período de retração deste nível de escolaridade, em especial nas instituições públicas. Esta expansão tem produzido alguns efeitos positivos, no sentido de certa democratização deste nível de ensino, mas também aspectos negativos, especialmente relacionados à intensificação do trabalho docente (Silva JR., Sguissardi, 2009[10]; Silva JR. et al., 2012).

---

[7] Boito, A. (2006) "A burguesia no governo Lula." In Eduardo M. Basualdo y E. (comp.) *Neoliberalismo y Sectores Dominantes: tendencias globales y experiencias nacionales.* Buenos Aires: CLACSO.

[8] Boito, A. (2012) "As bases políticas do neodesenvolvimentismo." In Fórum Econômico da FGV/SP, edição 2012.

[9] Pochmann, M. (2011) "Políticas sociais e padrão de mudança no Brasil durante o governo Lula." In Ser Social, Brasília, v.13, n28, p. 12-40, jan./jun, 2011.

[10] Silva Júnior, J. dos R.; Sguissardi, V. (2001) *As novas faces da Educação Superior no Brasil: reforma do Estado e mudança na produção.* 2ª ed. São Paulo: Cortez Editora; Bragança Paulista: EDUSF.

As pesquisas de Sguissardi e Silva JR. (2009), Silva JR. et al. (2010; 2012)[11] baseadas principalmente nos Censos da Educação Superior, sob responsabilidade do Instituto Nacional de Estudos e Pesquisas Educacionais Anísio Teixeira (INEP), mostram que em 1995, o Brasil possuía 894 Instituições de Educação Superior–IES passando a 2.013 IES no ano de 2004. Dentre estas, 561 (62,7%) IES estavam na Região Sudeste em 1995. Mas, este percentual é reduzido a 49,7% entre 1995–2004 demonstrando mudança no cenário educacional do país. A exemplo, em 1995 a Região Nordeste participava com apenas 10,3% das IES e, em 2009 chega a 19,3% (Silva Junior, et al., 2012). Em 2009 o Sudeste passou a responsabilizar-se por 47,1% das IES do País.

Dados mais recentes mostram, ainda, que em 2013 passaram a existir 2.391 IES; 301 públicas e 203 privadas. Entre 64% e 67% do total de IES, privadas e públicas, em 2013, estavam no interior dos estados brasileiros (BRASIL, 2014).

O que se pode observar é que os programas de expansão da Educação Superior e outros propiciaram uma redistribuição e desconcentração das IES pelo país. Esta estratégia de interiorização está intrinsecamente relacionada à necessidade de desenvolvimento econômico mais equitativo no Brasil. A formação de mão de obra mais qualificada, em nível superior, se reflete no aumento do número de instituições, mas também de matrículas. Nas IES em 2009 e 2013, respectivamente, havia, nas capitais, 1.846.865 e 2.190.881 matriculas e, no interior, 1.917.863 e 2.183.550 (BRASIL, 2009; 2013).

O investimento e expansão das Universidades Federais, por meio do REUNI, embora tenha significado a retomada do crescimento das IES públicas, estagnado na década de 1990, teve aumento de 188% no número de matrículas entre 2001 e 2011. Mas, neste mesmo período, nas privadas as matriculas cresceram 237%. Se no ano de 1995 as públicas representavam

---

11 Silva Júnior, J. dos R., Pinto e Silva, E. Monteiro, R.B., Kato, F.B. (2010) Relatório científico parcial. Os significados do trabalho do professor pesquisador na universidade estatal pública mercantilizada. UFSCar, FAPESP.

23% do total de instituições, em 2011 elas representavam apenas 12% do total. Apesar do crescimento contínuo da Educação Superior pública, em 2013 elas continuavam a ser 12,6% das IES no Brasil (BRASIL, 2001-2014).[12] No entanto, cabe ressaltar que ao observarmos as categorias de IES constatamos que as públicas são majoritariamente universidades, enquanto as privadas são principalmente, faculdades e institutos. Em 2013 das 301 IES públicas, 195 eram universidades (64%) enquanto que, das 2090 IES privadas, somente 84 eram universidades (4%%). O ProUni pode ser um dos principais responsáveis pela permanência, nos últimos anos, da presença forte do setor privado na Educação Superior mantendo a característica do sistema brasileiro como mencionado anteriormente.

Acesso e Permanência na educação superior

Como vimos nos dados apresentados, é inegável o crescimento do número de instituições e vagas na Educação Superior na última década, muito embora, majoritariamente, este se concentre na Educação Superior privada observamos significativo crescimento da capacidade de atendimento das IES públicas. Para além das razões apresentadas, a partir da década de 2000, a influência dos movimentos sociais, das pressões e diretrizes de agências multilaterais resultaram em investimentos em educação superior, pública e privada, com destaque para os grupos historicamente excluídos ou minoritários neste nível de ensino, a exemplo de negros e indígenas.

Dados do IPEA (2011) mostram que entre a população ocupada com 16 anos ou mais de idade, de acordo com sexo e cor/raça, em 1999, as mulheres negras possuíam em média 5,6 anos de escolaridade enquanto que as brancas atingiam 8 anos; em 2009 as mulheres negras alcançaram 7,8 anos e as brancas 9,7. Para os homens, em 1999, brancos obtinham

---

12 BRASIL. MEC. INEP. Sinopses estatísticas do Censo da Educação Superior: Brasília: MEC. 2001 a 2014. Disponível em: http://www.inep.gov.br/superior/censosuperior/sinopse/ default.asp>. Acesso em: março de 2014; maio de 2015.

7,1 anos de escolaridade e negros, 4,7. Em 2009 os homens brancos passaram a obter 8,8 anos de escolaridade e os negros 6,8. Os dados representam permanências das desigualdades sociais, perpassadas pela questão de gênero e raça/cor que dificultam o acesso igualitário, de todos, aos mais altos níveis de ensino.[13]

Ainda de acordo com o IPEA (2011) as políticas educacionais implementadas nas últimas duas décadas tiveram papel significativo na melhoria dos indicadores sociais. "Entre as mulheres de 15 anos ou mais [...] a taxa de analfabetismo para as brancas era de 10,8%, em 1993... para as negras era de 24,9%." Em 2008 este percentual passou para 6,3% e 13,7% respectivamente.

Tendo em vista as desigualdades raciais, dentre outras, nos últimos anos tem se discutido no Brasil mecanismos de acesso e permanência da população negra na educação superior. De acordo com Paixão e Carvano (2008)[14] em 2002, do total de estudantes negros em universidades, 40% estavam em instituições públicas; mas em 2006 este percentual caiu para 28,1%. Por outro lado, a presença de estudantes negros nas instituições privadas neste período passa de um total de 562.742, em 2002, para 1.263.233 em 2006, um crescimento de 124%.

É notório o crescimento do contingente de estudantes na Educação Superior entre 1995 e 2006, "entre o contingente de cor ou raça preta e parda, o número de estudantes no ensino superior passou de 341,24 mil em 1995, para 1,76 milhões, em 2006" isto significou um crescimento de 415% *para os negros* frente aos 168% para a população de raça/cor branca. Porém o crescimento no número de matrículas de estudantes negros (pretos + pardos) na Educação Superior deu-se, majoritariamente, nas instituições privadas. Ocorre, como vimos, que as

---

13 IBGE–Instituto Brasileiro de Geografia e estatística. Censo Demográfico 2010. http://www.ibge.gov.br/home/estatistica/populacao/censo2010/caracteristicas_religiao_deficiencia/caracteristicas_religiao_deficiencia_tab_pdf.shtm. Acesso em março de 2014.

14 Paixão, M.; Carvano, L.M. (2008) Relatório Anual das desigualdades raciais no Brasil; 2007-2008. RJ: Garamond.

IES privadas, majoritariamente, não se constituem em universidades. Disto decorre, salvo exceções, piores condições de ensino como demonstra o Sistema Nacional de Avaliação do Ensino Superior (SINAES), organizado pelo INEP.

Contudo, as IES privadas se ajustam mais facilmente ao mercado de trabalho, em vários aspectos, e às condições objetivas do estudante-trabalhador. Mas, é na universidade que, obrigatoriamente, se articulam ensino, pesquisa e extensão e há ao menos 1/3 (um terço) do seu corpo docente com mestrado e/ou doutorado, trabalhando em regime de dedicação exclusiva.

Ainda segundo Paixão e Carvano (2008) entre a população autodeclarada branca, estavam no ensino superior em 1995 e 2006, respectivamente 13,1% e 30,7%; enquanto a população autodeclarada preta e parda (negros/as) tínhamos "irrisórios 3,3%, 1995, para não menos irrisórios 12,1%, em 2006" (Paixão; Carvano, 2008, p.84).

A partir de 2011 o censo da educação superior, publicado pelo INEP passou a incluir dados com recorte racial. É interessante observar que, apesar de o governo federal determinar a inclusão do quesito cor especialmente no preenchimento de formulários no setor público, inicialmente era alto o índice de ausência de informação do dado. Somado a categoria "não declarado" a ausência desta informação chega a 65,5% no censo de 2011 (BRASIL, 2012). O dado melhora significativamente em 2013 (25%) o que, provavelmente, pode ser relacionado a aprovação da denominada Lei de Cotas (Lei Federal N° 12.711/2012) e mesmo da mudança de cultura em relação a coleta desta informação em razão do recorte étnico-racial do Prouni, dentre outras políticas e programas de Ações afirmativas implantados no Brasil pós-2003.

As matrículas por raça/cor em 2011 e 2013 apresentam, respectivamente, 16% e 20% para negros (pretos + pardos); 22% e 27% para brancos (BRASIL, 2011–2014). Lembrando que, em

2009 (IBGE, da PNAD 2008-2009)[15], os negros (pretos + pardos) passaram a representar 50,6% da população brasileira chegando em 2010 a 51% da população brasileira.

Breves considerações finais

Uma das grandes questões ainda presentes para as políticas públicas brasileiras é que apenas cerca de 12% da população brasileira completa o ensino superior. Historicamente, essas políticas investiram pouco no ensino superior público, estatal e gratuito. Os dados apresentados demonstram que mesmo para a última década em que houve significativo crescimento de IES, cursos e matriculas no setor público, a prioridade deu-se para o setor privado, assegurando-lhe capital com incentivos fiscais e programas públicos de acesso e permanência do estudante nestas instituições.

O pequeno, mas significativo crescimento das IES públicas a partir de 2009, mais pontualmente com a implementação do REUNI, viabiliza, ainda que timidamente, o acesso de populações historicamente excluídas a uma formação de melhor qualidade. Ao mesmo tempo a sociedade hoje, leia-se, as demandas do mercado, tem transformado algumas universidades em instituições apenas de ensino e outras em centros de "excelência" voltadas à pesquisa. O tripé ensino, pesquisa e extensão requer grande investimento e é visto, por alguns, como desnecessário. Assim, algumas universidades transforma-se apenas em lugar de formação para o mercado de trabalho.

A expansão das IES públicas sem o necessário investimento e a manutenção de suas características baseadas no tripé mencionado geram, atualmente, no Brasil, grande atenção podendo provocar ou aprofundar: a precarização do trabalho docente; a precarização dos processos de formação; o aumento

---

15 IBGE–Instituto Brasileiro de Geografia e estatística. Pesquisa Nacional por Amostra de Domicílios 2008-2009. Disponível em: http://www.ibge.gov.br/home/estatistica/populacao/trabalhoerendimento/pnad2009/tabelas_pdf/sintese_ind_1_2.pdf Acesso em janeiro de 2011.

do número de alunos por docente; a quebra do tripé universitário a favor do ensino; a exigência do cumprimento de metas por meio de parâmetros quantitativos como condição para recebimento público. Cabe nesse sentido, além da busca por ampliar a presença das camadas populares no ensino superior, a atenção fundamental à qualidade do ensino ofertado e o fortalecimento da universidade como um espaço de articulação entre ensino, pesquisa e extensão.

Educación Superior en Argentina

Referencias sobre las características actuales del sistema universitario y agenda de temas de debate

María Gabriela Siufi García

Esta ponencia girará en torno al sistema de Educación Superior en Argentina, puntualizando sobre algunos tópicos en particular, cada uno en una sección de esta ponencia.

Dada la variedad de panelistas y los diversos temas que se trataron en otras mesas de este encuentro, esta presentación no profundiza en los procesos históricos universitarios argentinos ni en otros temas que definen las particularidades del sistema de Educación Superior, tales como la educación terciaria. Tampoco se hará mención a la variedad de Redes Universitarias del MERCOSUR, en las que participa Argentina.

Marco legal de la Educación Superior en Argentina

El sostenimiento político y financiero de la Educación Superior en nuestro país es entendido como una responsabilidad indeclinable del Estado. La Constitución Argentina, en su reforma de 1994 (artículo 75, incisos 18 y 19), le ha dado la máxima jerarquía normativa a esta concepción, incluyendo el mandato de sostener la gratuidad.[1]

---

[1] La Ley 26.320, reglamenta en su artículo 1 "Establecer el día 22 de noviembre como 'Día Nacional de la Gratuidad de la Enseñanza Universitaria'".

La Ley de Educación Superior Nro. 24.521 (LES), dictada en 1995, enuncia en su artículo 1: "están comprendidas dentro de la presente ley las instituciones de formación superior, sean universitarias o no universitarias, nacionales, provinciales o municipales, tanto estatales como privadas, todas las cuales forman parte del Sistema Educativo Nacional..." A su vez, el artículo 27 aclara que las instituciones que responden a la denominación de "Universidad" deben desarrollar su actividad en una variedad de áreas disciplinarias no afines, orgánicamente estructuradas en facultades, departamentos o unidades académicas. Las instituciones que circunscriben su oferta académica a una sola área disciplinaria se denominan "Institutos Universitarios."

La denominación de "*no universitarias*", citada en esta ley, es reemplazada por la de "*Institutos de Educación Superior*" (de jurisdicción nacional, provincial o de la Ciudad Autónoma de Buenos Aires, de gestión estatal o privada) en la Ley de Educación Nacional Nro. 26.206 (artículo 34), sancionada en 2006.

Esta última Ley citada incluye en su artículo 2° la concepción de la enseñanza y el aprendizaje en Argentina, ya que define a la educación y al conocimiento como un bien público y un derecho personal y social, garantizados por el Estado. Esta noción va en consonancia con lo aprobado en la Conferencia Regional de Educación Superior (CRES, 2008), respecto de considerar a la Educación Superior como un bien público social, un derecho humano y universal, y un deber del Estado (Declaración CRES 2008, Cartagena de Indias).

Otro punto clave de esta Ley es que, a través del artículo 29, establece que la educación secundaria es obligatoria, cuestión que consideraremos al analizar el incremento de la matrícula universitaria del último período.

Con miras a establecer acuerdos para el reconocimiento de trayectos, títulos y diplomas en el MERCOSUR, como con el resto de las naciones, es importante especificar que en el sistema universitario argentino existen títulos de "Pregrado" con una duración mínima de dos años y medio y 1.600 horas (técnicos con formación instrumental), títulos de "Grado" de 4 años de duración y 2.600 horas (licenciados o equivalentes con formación profesional o académica) y títulos de "Posgrado" que se dividen en "Especialista" de 360 horas (profesionales que dominan un tema o área determinada dentro de un campo profesional o de diferentes profesiones), "Magíster" con 700 horas (profesionales que fortalecen competencias propias de una profesión o académicos que se dedican a la investigación en un campo del saber disciplinar o interdisciplinar) y "Doctor", investigadores que logran aportes originales en un área de conocimiento.

Órganos de coordinación y consulta del Sistema Universitario

El esquema orgánico de coordinación y consulta del sistema universitario argentino en sus respectivos ámbitos (artículo 71 de la LES) incluye cuatro instancias: el Consejo de Universidades (CU), máximo orden presidido por el Ministro de Educación; el Consejo Interuniversitario Nacional (CIN), que nuclea a los rectores de las instituciones universitarias públicas, el Consejo de Rectores de Universidades Privadas (CRUP), los Consejos Regionales de Planificación de la Educación Superior (CPRES), organizados según los esquemas territoriales del país.

A su vez, existe en las instituciones públicas una organización del trabajo en redes específicas que abarcan la mayoría de los tópicos de la vida universitaria. Algunas de las mismas son: Red de Educación a Distancia (RUEDA), Comité Técnico del Deporte Universitario (CTDUA), Red de Cooperación Internacional de las Universidades Nacionales (RedCIUN), Red de Editoriales de las Universidades Nacionales de la Argentina (REUN), Red de Vinculación Tecnológica de las Universidades Nacionales de Argentina (RedVITEC), Asociación de Radios Universitarias Argentinas (ARUNA), Red Nacional Audiovisual Universitaria (RENAU), Red de Bienestar Universitario (RedBIEN) y Red de Extensión Universitaria (REXUNI).

Distribución de la oferta institucional universitaria

Al considerar el estado actual del sistema universitario argentino, deben tenerse en cuenta algunos rasgos que han caracterizado a la universidad argentina desde el hito histórico de la Reforma de 1918, entre los que se destacan: la autonomía académica y la autarquía económica, la gratuidad de los estudios de grado (en las universidades públicas), los mecanismos de conducción colegiada de los claustros, la promoción académica y científica por méritos validados mediante concursos públicos y abiertos. A lo que se agrega una característica adquirida en la década de 1950 y recuperada transitoriamente en la primera mitad de la década de 1970, el acceso directo a todos los niveles de educación postsecundarios.

En los últimos 30 años, se crearon en Argentina, más de 70 universidades, entre privadas y estatales. Actualmente el sistema universitario argentino está conformado por: 50 universidades nacionales, 49 universidades privadas, 6 institutos universitarios estatales, 14 institutos universitarios privados, 4 universidades provinciales, 1 universidad extranjera y 1 universidad internacional.[2]

Evaluación y acreditación de la calidad

La ley de Educación Superior 25.521 de 1995 creó la Comisión Nacional de Evaluación y Acreditación Universitaria (CONEAU), organismo descentralizado que actúa en jurisdicción del Ministerio de Educación, que comenzó a funcionar en agosto de 1996 y en el que se asienta el sistema nacional de evaluación de la calidad universitaria, concentrando en un único organismo, actividades que en muchos países están diseminadas en distintas instituciones. La ley se refiere a evaluación y

---

[2] Fuente CIN (2015).

acreditación como dos procesos diferentes, de distinto alcance y finalidad, aunque en algunos aspectos pueden ser complementarios.

La CONEAU tiene mandato legal para realizar evaluaciones externas, acreditaciones periódicas de carreras de posgrado, creación de nuevas universidades e instituciones universitarias, acreditación periódica de carreras de grado, cuyos títulos correspondan a profesiones reguladas por el Estado[3], reconocimiento de entidades privadas de evaluación y acreditación. También debe destacarse la valiosa tarea llevada a cabo por este organismo en la formulación, desarrollo y evaluación de los procesos de acreditación regional a nivel del MERCOSUR: Mecanismo Experimental de Acreditación de Carreras de Grado Universitario (MEXA) y Sistema de Acreditación Regional de Carreras Universitarias para el MERCOSUR (ARCU–SUR).

Expansión de la matrícula universitaria

Según el censo 2010, la población de Argentina era de 40.091.359 personas. El grupo etario de 18–24 años incluía 5,1 millones de jóvenes. Según datos del Ministerio de Educación[4], en el año 2012, los estudiantes universitarios en Argentina eran 1.856.183, correspondiendo el 21% al sector privado (388.758) y 79% al sector público (1.467.425). La cobertura de acceso a la Educación Superior en general es mucho mayor si se considera la matrícula de los Institutos de Educación Superior, en la que se lleva a cabo gran parte de la formación docente.

---

3   Carreras de grado con acreditación obligatoria de CONEAU: Médico, Farmacéutico, Bioquímico, Odontólogo, Psicólogo, Veterinario, Lic. en Enfermería, Biólogo, Lic. en Química, Geólogo, Ingeniero, Ingeniero o Licenciado en sistemas, Arquitecto, Profesor Universitario, Contador.
4   Fuente Departamento de Información universitaria-SPU.

Para comprender la expansión de la matrícula de Educación Superior en Argentina, seleccionamos el período 1980 a 2010, que nos muestra que los alumnos de todo el sistema pasaron de 487.473 en 1980 a 1.725.270 en el 2010, produciendo un incremento del 353,9%.[5] Este notable aumento tiene varias explicaciones, pero las que sobresalen por su ponderación son el mayor acceso a la Educación Superior por parte de los jóvenes que completan sus estudios secundarios (por la cobertura alcanzada en los niveles previos) y por una mayor demanda de la población adulta por la educación postsecundaria. También se comprende por la creación de nuevas universidades en lugares que anteriormente no contaban con oferta permanente, y la multiplicación de becas y estímulos para el estudio.

La distribución de la matrícula por tipo de carrera indica una muy alta concentración en las carreras profesionalistas (cerca del 80%), en detrimento de las carreras de perfil académico. Con respecto a la distribución de la matrícula por sexo se observa una leve feminización con un 56,1%[6] de mujeres en los estudios de grado.

Agendas de temas en debate y pendientes de debatir

A continuación, se mencionan algunos puntos de la agenda compartida con académicos del país, que contempla los temas de debate que aguardan deliberación en las universidades e instituciones de Educación Superior:

---

[5] Información relevada en base al Anuario Estadístico 2010 del Ministerio de Educación. SPU.

[6] Estudiantes de pregrado y grado por tipo de institución y por sexo – Año 2010 (Fuente SPU).

Expansión, aumento y diversificación para atender la demanda de Educación Superior

El CIN ha llamado la atención sobre la necesidad de buscar una alternativa que permita superar la atención de las demandas ciudadanas de formación universitaria, únicamente por la vía de la creación de nuevas universidades[7], cuya consolidación implica mucho tiempo y un esfuerzo en el que, algunas veces, mientras se construye lo nuevo, se fragmenta, de manera menos eficiente, lo existente. En ese marco propuso "la generación de un Programa de Cooperación y Articulación Universitaria Nacional que utilice y optimice los recursos institucionales existentes, tanto para el sistema universitario público, como en las distintas regiones, a efectos de extender una oferta integral en las zonas donde se revele la necesidad de atenderlo, a través de una política ordenada y cooperativa" (Acuerdo Plenario N° 629/07). Una política integral de cobertura territorial debe aprovechar las experiencias de las universidades, tomando lo mejor de la variedad de tipologías que produjeron las distintas estrategias de expansión geográfica, instrumentadas por las instituciones. Pero, por sobre todo, esta política de ocupación del territorio debe atender a las oportunidades que, a la hora de desconcentrar la oferta de Educación Superior, ofrecen las TIC y su aplicación a la enseñanza.

---

[7] Las instituciones universitarias nacionales son personas jurídicas de derecho público, que sólo pueden crearse por ley de la Nación (artículo 48 de la LES). Las instituciones universitarias privadas deberán constituirse sin fines de lucro, obteniendo personería jurídica como asociación civil o fundación. Las mismas serán autorizadas por decreto del Poder Ejecutivo Nacional, que admitirá su funcionamiento provisorio por un lapso de seis (6) años, previo informe favorable de la Comisión Nacional de Evaluación y Acreditación Universitaria, y con expresa indicación de las carreras, grados y títulos que la institución puede ofrecer y expedir (artículo 62 de la LES).

El debate que se está dando en el país, respecto de la revisión de la normativa que regula la Educación a distancia[8], incluye estas nuevas concepciones y espera pronto acuerdo para su aprobación.

Asimismo y en igual sentido que el CIN, la Secretaría de Políticas Universitarias del Ministerio de Educación ha puesto en marcha un programa que prevé la extensión de la cobertura territorial de la Educación Superior, aprovechando las capacidades existentes. La modalidad es la implementación de Centros Regionales de Educación Superior (CRES), desarrollados a partir de las más modernas estrategias pedagógicas y pensados desde la utilización plena de los recursos que ofrecen las TIC. Los Centros, se postulan como unidades institucionales para el desarrollo de actividad académica integral, la atención de necesidades locales y subregionales de formación en distintos niveles. Si bien ya se han dado pasos en este sentido, aún existe una fuerte tendencia respecto de la presentación de proyectos para la creación de nuevas universidades e institutos universitarios, tanto públicos como privados.

Evaluación y acreditación universitaria

Como ya ha sido mencionado por diversos especialistas "la evaluación llegó para quedarse" y, en Argentina, a casi veinte años de la creación de la CONEAU, y habiéndose realizados numerosos procesos de autoevaluación, evaluación y acreditación, tanto a nivel nacional como internacional, la materia vuelve al eje de discusión bajo la denominación de "revisión de la doctrina del artículo 43" de la LES: incluyendo la reflexión sobre la noción de "profesión regulada por el Estado"; la noción

---

[8] La Ley de Educación Nacional N° 26.206 define la educación a distancia como una opción pedagógica y didáctica aplicable a distintos niveles y modalidades del sistema educativo nacional, donde la relación docente-alumno se encuentra separada en el tiempo y/o en el espacio, durante todo o gran parte del proceso educativo, en el marco de una estrategia pedagógica integral que utiliza soportes materiales y recursos tecnológicos, diseñados especialmente para que los/as alumnos/as alcancen los objetivos de la propuesta educativa.

de "riesgo directo"; la noción de "criterio restrictivo"; la delimitación de los contenidos curriculares básicos y los criterios sobre la intensidad de la formación práctica para cada una de las titulaciones, la explicitación de los estándares a los efectos del proceso de acreditación requerido, la acreditación de los profesorados universitarios; entre otros.

Otra cuestión en agenda es la evaluación de los Institutos de Educación Superior, ya que el artículo 36 de la Ley de Educación Nacional referencia que el Ministerio de Educación, en acuerdo con el Consejo Federal de Educación, establecerá las políticas, los mecanismos de regulación, y los criterios de evaluación y de articulación relativos a los Institutos de Educación Superior dependientes del Estado Nacional, de las Provincias y de la CABA.

El análisis sobre el ingreso, la permanencia y el egreso en el sistema de Educación Superior argentino. Programas de seguimiento de egresados

Si bien hemos destacado como efectivo el fenómeno de la expansión de la matrícula, que significó la inclusión de nuevos sectores sociales a la vida universitaria[9], el aumento del número de instituciones, así como el notable incremento de la inversión presupuestaria; de la información relevada sobre el sistema universitario, se enfatizan algunos asuntos que requieren inmediata atención, a saber: bajo rendimiento académico del sistema (con altos números de ingreso y bajas tasas de titulación), crecimiento de las ofertas de educación sin el debate suficiente, concentración de la matrícula en carreras profesionales y los escasos o nulos programas de seguimiento de egresados. Este último tema, estaría incluido en los pendientes de debatir, ya que en la mayoría de las universidades se conoce poco o nada acerca del destino de sus graduados universitarios.

---

[9] Varias investigaciones afirman que más del 70% de los estudiantes de las siete universidades públicas del Conurbano bonaerense son "primera generación de universitarios".

Ciencia, Tecnología e Innovación

Se destaca el avance significativo que ha tenido el apoyo a la ciencia, la tecnología y la innovación productiva en Argentina en las últimas décadas[10], mediante el apoyo a proyectos con impacto regional, alentando las capacidades de gestión provinciales y los Centros de Desarrollo Tecnológico. En tal sentido, se destacan iniciativas como los Proyectos de Desarrollo Tecnológico y Social (PDTS), impulsado por el CIN, y el Consejo Nacional de Investigaciones Científicas y Técnicas (CONICET), destinado a generar proyectos, que resuelven problemas que demanda la comunidad para el desarrollo sustentable del país. El proyecto futuro de país requiere la multiplicación de estas iniciativas, que sumen innovaciones cognitivas para la resolución de un problema y/o necesidad, aprovechen oportunidades (ya sea tecnología, marco normativo, programa de intervención en la sociedad, prospectiva o una evaluación de procesos y/o productos), que puedan ser replicables o sólo aplicables a un caso singular. El perfil público de las instituciones universitarias argentinas demanda transparencia, pertinencia, y fundamentalmente, compromiso social con el desarrollo sustentable.

Reforma de marcos regulatorios

Existen algunas propuestas e iniciativas que impulsan la modificación de la actual Ley de Educación Superior, sancionada en siglo pasado (año 1995). Por una parte, se requiere de modificaciones para su correspondencia con la Ley de Educación Nacional (año 2006), pero asimismo se considera que el sector educativo universitario es uno de los que más cambios ha

---

10 El "Plan Nacional de Ciencia, Tecnología e Innovación, Argentina Innovadora 2020", prevé para el 2020 que Argentina alcance una inversión en actividades de Investigación y Desarrollo (I+D) equivalente al 1.01 por ciento de su Producto Interno Bruto (PIB) (actualmente es de 0.65). Para entonces, el país contará con 4.6 investigadores y becarios por cada mil integrantes de la Población Económicamente Activa (actualmente cuenta con 2.9) (Fuente: Ministerio de Ciencia, Tecnología e Innovación Productiva, 2015).

tenido a nivel mundial en las últimas décadas, por lo que se vuelve ineludible incorporar a la normativa las innovaciones que requieren los nuevos esquemas formativos, tales como la educación virtual o cooperativa, por citar solo unos ejemplos. Si bien existen debates al respecto, no se constata una decisión política firme de avanzar en una reforma integral de la ley vigente.

Internacionalización de la Educación Superior e integración regional

Debatir sobre el modelo de Internacionalización de la Educación Superior argentina implica definir el modo y la estrategia con los que Argentina se inserta en un mundo globalizado. Avanzar en el estudio, relevamiento y definición de políticas de cooperación internacional universitaria, que incluyan el análisis de la elección de Argentina como destino académico de estudiantes de diversas partes del mundo, arribar a un conocimiento y una definición sobre los "estudiantes internacionales", diversificar los programas de movilidad académica, debatir sobre la "*internacionalización en casa*", la enseñanza del español como lengua extranjera, la inclusión de cursos en otros idiomas, el reconocimiento de títulos, las redes internacionales, y la profundización de la estrategia de integración regional (MERCOSUR–UNASUR).

Para concluir, y aportando al marco de este encuentro regional, propongo que no se pierda de vista que la integración se construye así, trabajando juntos, compartiendo, conociéndonos.

Tensiones históricas y contemporáneas acerca del enseñar en la universidad

En distintos campos se ha debatido sobre los cambios actuales en los modos en que se produce y circula el conocimiento científico. No cabe duda de que las formas de producción, acumulación y circulación del conocimiento sufren transformaciones históricas. Algunas de estas transformaciones son resultado de los cambios tecnológicos, pero también de cambios culturales y del valor simbólico que tienen, en cada disciplina, las relaciones entre conceptos teóricos, evidencias empíricas e intervenciones tecnológicas.

Si estos cambios culturales impactan en las formas de producción, circulación y apropiación del conocimiento, necesariamente tienen consecuencias para los procesos de transmisión. Las formas en que se propone el acceso al conocimiento a las personas que se están formando están determinadas y son a su vez determinantes de los modos de estructuración de ese conocimiento.

Las transformaciones en las tecnologías de la información y la comunicación (TIC) han permitido el acceso a volúmenes de información, más allá de limitaciones físicas del pasado. En las últimas décadas, se ha acuñado el concepto de "sociedad de la información" para describir esta aceleración de los procesos de producción y circulación de la información, que constituyen nuevas bases para la economía y la cultura, y que confluyen con los procesos de globalización.

La definición de criterios y procedimientos para la búsqueda, selección y jerarquización de la información constituye en la actualidad un tipo de conocimiento fundamental en el ámbito académico. La formación universitaria se enfrenta con saberes previos desigualmente distribuidos que, entre otros factores, tienen que ver con la familiaridad con que cuentan nuestros estudiantes con los medios habituales de búsqueda, el uso y la producción y circulación de información por internet. Sin embargo, ese conocimiento está distribuido de acuerdo con condiciones sociales y características culturales heterogéneas y atravesadas por la pertenencia a diferentes generaciones, por representaciones instaladas sobre las experiencias con la tecnología, etc.

Pero además, en ocasiones, la formación universitaria debe contradecir experiencias previas, generando tensiones en los modos habituales de proceder. La contraposición de los criterios de producción y circulación académica del conocimiento, frente a un sentido práctico de vinculación con el conocimiento que responde a principios diferentes (la práctica de cortar y pegar textos tomados de la web es uno de los ejemplos más frecuentes), permite identificar las características específicas que presenta el trabajo académico frente a otras formas de relación con el saber.

Entonces, un primer desafío de la educación universitaria consiste en interpelar a los estudiantes desde criterios académicos de búsqueda de información, que a veces contradicen las prácticas habituales o instaladas en nuestros estudiantes. La formación universitaria debe abordar también el conjunto de saberes sobre la selección y jerarquización del conocimiento a transmitir, en un contexto de cambio acelerado del conocimiento, de su circulación global instantánea, y de la multiplicación de experiencias heterogéneas de relación con el conocimiento.

Estas transformaciones que dan lugar a la sociedad de la información, ¿conducen a un modelo universal de cultura y sociedad? ¿O cada sociedad nacional tiene la capacidad para configurar esas transformaciones de acuerdo con sus matrices histórico-culturales? Se ha señalado que en esta configuración nacional de las sociedades de la información tienen un papel central las políticas públicas y, entre ellas, las políticas de producción, circulación y transmisión del conocimiento en las que las universidades tienen un rol protagónico.

La sociedad de la información es, entonces, un desafío para las universidades, porque plantea un escenario inédito: la velocidad de los cambios obliga a las universidades a desarrollar nuevas estrategias en la producción, circulación, transmisión y aplicación del conocimiento, nuevos criterios de valoración de la actividad científica, tecnológica y educativa.

Las políticas públicas para la sociedad de la información –que involucran a las universidades– son necesarias, porque la sociedad de la información se apoya en procesos de transformación acelerada, en los que el mercado tiene una incidencia notable. Si esos procesos no se orientan a partir de las políticas públicas, la brecha digital de acceso a la información y las capacidades para lidiar con las nuevas restricciones propias de los flujos acelerados de información se distribuirían de manera desigual, reforzando las desigualdades sociales preexistentes. Por eso, las universidades enfrentan y/o son interpeladas para contribuir con los procesos de redistribución del conocimiento, con políticas que promuevan la igualdad en el acceso a la sociedad de la información, no sólo en condición de consumidores, sino también en condición de productores, para todos los ciudadanos.

Los cambios en los sujetos sociales que acceden a la universidad

Los sistemas educativos modernos se constituyeron cumpliendo con una doble función: la incorporación amplia de las personas a las sociedades nacionales y la selección de ciertos sectores, que desempeñarían papeles dirigentes en dichas sociedades. La función selectiva se concentró en la educación secundaria. Desde su origen, en la década de 1860, con los primeros colegios nacionales, las escuelas secundarias seleccionaron a jóvenes de los sectores dominantes como parte de la reproducción de la clase dirigente.

El advenimiento de la sociedad de masas, entre las décadas de 1920 y 1940, forzó que la función selectiva se viera acotada cada vez más a los extremos superiores de la pirámide del sistema educativo. El sistema educativo argentino incorporó a gran parte de la población en edad escolar a la escuela primaria, a comienzos del siglo XX, e incrementó esta incorporación durante la década del 30 y las primeras presidencias de Perón (1946-1955). Ese crecimiento de la escolarización elemental introdujo una presión social sobre la educación secundaria, desde fines de la década de 1950, que llevó a la crisis de su función selectiva.

En la década de 1960, se produjo además un fuerte incremento de la matrícula que accedía a los estudios universitarios, junto con una multiplicación de la cantidad de universidades y carreras (con expansión de las universidades privadas).

En la última década, la obligatoriedad de la educación secundaria, establecida –para el caso de Argentina– por la Ley de Educación Nacional Nro. 26.206, y las políticas llevadas adelante para garantizar dicha obligatoriedad generan condiciones para el acceso de gran cantidad de jóvenes que son la primera generación dentro de sus familias en llegar a la universidad.

Esta transformación social profunda produce condiciones inéditas, ya que permite que muchos jóvenes que terminan la educación secundaria tengan como uno de sus horizontes de futuro posibles la continuidad de los estudios universitarios. A su vez, la cultura de las instituciones en las que concretaron su trayectoria educativa cambió. A diferencia de los recorridos de las décadas pasadas, en los que los jóvenes que llegaban a la universidad habían vencido los obstáculos de un proceso selectivo, en la actualidad las escuelas secundarias tienen el imperativo de la inclusión.

En este aspecto también, la universidad argentina se enfrenta a una situación inédita tanto por las características de los alumnos que recibe cuanto por las condiciones histórico-políticas del sistema educativo del que forma parte. ¿Puede mantenerse la universidad sin cambios frente a las transformaciones de un sistema educativo inclusivo? ¿Qué impacto tiene en la tarea docente universitaria asumir que la educación es un derecho?

Otra cuestión que se deriva de estas transformaciones es el contexto de significación de los distintos aspectos de la vida cotidiana de la universidad. Para los estudiantes que provienen de familias con varias generaciones de tránsito por la universidad existen muchos rasgos de la condición de "estudiante universitario" que son habituales. El oficio del estudiante se encuentra sostenido por la experiencia de los padres o de otros miembros de la familia, y eso ofrece un soporte intangible para enfrentar condiciones selectivas presentes en las rutinas universitarias.

En cambio, para aquellos estudiantes que son parte de la primera generación de sus familias en llegar a los estudios superiores, esas experiencias familiares previas no están disponibles. Eso hace que el peso de esas condiciones selectivas (la disposición de información, el conocimiento de sus derechos como estudiantes universitarios, las prácticas de estudio, los códigos de comunicación con otros miembros de la comunidad universitaria, etc.) se magnifique y pueda convertirse en un factor de interrupción en la trayectoria universitaria de estos estudiantes.

Un tercer aspecto que debe ser tomado en consideración es el tipo de relación que los estudiantes desarrollan con el conocimiento. Si bien la función selectiva tradicional del sistema educativo se presentaba como un proceso basado en el mérito académico, se ha probado en múltiples investigaciones que se trataba de una selección fundada, básicamente, en las desigualdades sociales. Así, quienes accedían a finalizar la educación secundaria e ingresaban a los estudios universitarios eran, en su gran mayoría, jóvenes pertenecientes a los sectores sociales privilegiados. Generalmente, además, se trataba de sectores sociales que eran conscientes de su situación de privilegio y eso incidía en su relación con el conocimiento. Se trataba del mismo sector social que tenía la capacidad para condicionar o determinar los principios de valoración del saber para la sociedad en general. De las prácticas culturales, los valores y los gustos de este sector de la sociedad dependía la valoración de lo que se consideraba alta o baja cultura, y también la selección de aquellos aspectos de la cultura que se consideraban lo suficientemente valiosos para ser transmitidos a través de la educación sistemática.

Sobre esta base, se producía la exclusión sistemática de saberes prácticos (especialmente, los saberes del trabajo manual, pero también las prácticas culturales, los valores y los gustos de los sectores populares), que eran infravalorados o que directamente eran negados como formas de conocimiento.

La ampliación del acceso a la educación universitaria plantea entonces un cambio en la posición subjetiva de los estudiantes frente al conocimiento. Muchos de nuestros estudiantes actuales poseen experiencias laborales, vitales, prácticas que podrían enriquecer su vinculación con el conocimiento académico. Sin embargo, esto exige que, desde el plano de la enseñanza, se reconozcan esos saberes, se les otorgue legitimidad y se produzcan las conexiones relevantes con los conocimientos académicos.

Los cambios en las expectativas sociales sobre la formación universitaria

Entre el conjunto de transformaciones culturales, sociales y económicas, deben destacarse las expectativas sociales sobre la formación universitaria y, en general, sobre el papel de las universidades. Desde la Reforma Universitaria de 1918, la autonomía es uno de los ejes del modelo de universidad en la

Argentina. A lo largo del siglo XX esa autonomía fue centro de controversias y confrontaciones políticas, pero en general pareciera que el sentido atribuido a esa definición se mantuvo sin cambios. Cada vez que el Estado intentó establecer regulaciones, orientaciones o direcciones para la actividad de las universidades, éstas interpretaron esas acciones como una violación de su autonomía. Sin embargo, desde la transición a la democracia, la sociedad argentina fue elaborando nuevas expectativas acerca de las universidades, que dieron lugar a una resignificación de la noción de autonomía universitaria.

Esto significa que, en la actualidad, la autonomía universitaria designa un conjunto de atributos más complejos de la vida de las universidades. La autonomía universitaria incluye una visión sobre la función social de la universidad, su compromiso con las necesidades del país, su lugar en las trayectorias formativas de los jóvenes, el sentido de su producción científica, tecnológica, artística y cultural, e incluso su intervención como actor político en temas relevantes para la sociedad.

A lo largo del siglo XX, la autonomía universitaria ha fortalecido la participación de los actores de la comunidad universitaria en el gobierno de las instituciones, y ha permitido que la producción y circulación del conocimiento se fortalezca. Sin embargo, la apropiación del conocimiento requiere estrategias de vinculación de las universidades con las necesidades y los proyectos políticos y sociales a largo plazo.

Estas expectativas inciden en la enseñanza, ya que alimentan las imágenes que los estudiantes sostienen sobre sus ámbitos de desempeño profesional futuro, sobre su vinculación con la vida universitaria y sobre lo que la sociedad espera de la universidad y de los universitarios.

Por otra parte, el contexto de la sociedad del conocimiento ha fortalecido las demandas que provienen del mercado y de distintos actores económicos, y que imponen criterios de legitimación del conocimiento centrados en su utilidad para la generación de ganancias y su aplicación a los procesos de producción y circulación en la economía capitalista.

La idea de que la universidad ofrezca soluciones a los problemas reales, o que ponga en juego su legitimidad y su prestigio para laudar u opinar en relación con conflictos sociales, problemas ambientales, temas económicos o productivos, muestra el cambio en las expectativas sociales. La universidad resulta, entonces, demandada. Esta demanda se dirige en el sentido de que la universidad responda desde la lógica de problemas complejos (haciendo uso de abordajes interdisciplinarios, rompiendo la lógica corporativa de las disciplinas) y que la universidad se involucre en los problemas sociales.

Este escenario impacta en la enseñanza universitaria porque no puede apoyarse en la ficción de un aislamiento institucional, en procesos de transmisión de conocimientos que podrían producirse sin incidencia de las condiciones sociales, políticas o culturales. Al contrario, la enseñanza en la universidad está atravesada por las expectativas sociales que portan distintos actores, entre los que se encuentran los estudiantes.

El horizonte de derechos y su incidencia en las universidades

A este contexto de transformaciones en el conocimiento, en los sujetos y en las expectativas sociales, se agrega un proceso histórico-político de ampliación de derechos. El derecho a la educación pasó de constituir una garantía de libertad individual, en la Constitución Nacional de 1853, a revestir la forma actual de un derecho social, que asiste a todo ciudadano y que debe ser garantizado por el Estado.

Si bien las formas que adopta este derecho en los distintos niveles educativos son diferentes, es necesario reconocer que la educación universitaria también está comprendida en esta perspectiva de derechos. La Ley de Educación Nacional, sancionada en 2006, establece que la educación es obligatoria desde la sala de 5 años hasta la finalización de la educación secundaria. Posteriormente, se profundizó esa definición, incorporando a la obligatoriedad la sala de 4 años. Esta obligatoriedad constituye una presión sobre las familias, pero sobre todo genera que el Estado (tanto provincial como nacional) deba garantizar el cumplimiento de esta obligatoriedad. Para ello, el Estado está obligado a garantizar la cantidad y calidad de las escuelas, la formación de los docentes, la definición de una política educativa, la previsión de un rubro presupuestario destinado al sistema educativo, etc.

En el nivel universitario, el enfoque de derechos se expresa, en principio, como un derecho en el acceso. Todos y todas quienes cumplen la condición de haber terminado los estudios secundarios tienen derecho a acceder a los estudios universitarios. Sin embargo, el marco legal no establece otras condiciones que deben garantizar las universidades para hacer posibles trayectorias educativas exitosas, que garanticen el derecho a transitar, a aprender y a egresar de las universidades.

El derecho a la educación en la universidad no puede expresarse como garantía de obligatoriedad. Sin embargo, existen políticas universitarias dirigidas a mejorar las condiciones de ingreso, permanencia, aprendizaje y egreso. En este punto, el escenario actual nos desafía. ¿Es posible llevar adelante acciones, políticas, definiciones de la vida académica, destinadas a garantizar el derecho a la educación en la universidad? ¿En qué podrían consistir esas garantías? ¿Qué responsabilidad tenemos en nuestras prácticas docentes cotidianas en la universidad para aportar a estas garantías? En torno a estos interrogantes pueden pensarse desafíos pedagógicos para la universidad de nuestro tiempo –esta universidad, con tradiciones peculiares y, a la vez, en diálogo con estas nuevas configuraciones– que supondrá *"poner a funcionar"* la imaginación pedagógica para que las nuevas maneras en las que se manifiesta la producción del conocimiento no sean vividas como un obstáculo, sino como parte del contexto de posibilidad en el que la universidad renueva sus sentidos.

Democratización de la Educación Superior y políticas públicas de inclusión en América Latina

CLAUDIO SUASNÁBAR

Lo que quiero compartir con ustedes hoy es parte de una investigación que venimos realizando en el marco de la CONADU. Para los que no son de Argentina, la CONADU es la Federación Sindical de Docentes Universitarios, que ha desarrollado la idea de que los sindicatos, además de llevar adelante las luchas gremiales por el salario, también tienen que producir conocimiento como una forma de intervenir en la política específica de su sector.

Esta investigación se inscribe en el debate sobre las políticas de democratización e inclusión en América Latina, y lo que voy a presentar es, más bien, el marco de una primera aproximación sobre lo que está aconteciendo respecto a las políticas de la democratización e inclusión de la Educación Superior en la región. Dicha investigación focaliza en el caso de Argentina, analizando qué dispositivos de inclusión existen en las universidades nacionales, y qué es lo que muestran los datos estadísticos respecto de la inclusión efectiva. En otras palabras, la investigación se interroga sobre cuál es el efecto de las políticas de democratización e inclusión aplicadas, cuando uno mira la composición social de los estudiantes. Pero ahora la hoja de ruta que les propongo es más bien una visión panorámica de América Latina en relación a esta problemática.

Se ha dicho mucho sobre esto, pero igual retomo la idea de que América Latina es más bien una unidad abstracta que, en rigor, contiene una diversidad de experiencias y tradiciones universitarias, las cuales generan situaciones que pueden confundir cuando hablamos de democratización e inclusión.

Vamos a detenernos en algunas caracterizaciones para mostrar que, en realidad, esa idea de América Latina amerita una mayor discusión, y más cuando pensamos en las políticas.

Otra cuestión es pensar en las tendencias de la Educación Superior en la región. En este sentido, si bien no tenemos tiempo para desarrollarlo, pero me interesaría que retengan la idea de que la situación de la Educación Superior en América Latina es el resultado de tendencias históricas. ¿Qué quiere decir esto?, que el sistema tiene su propia dinámica. Un dato que hace a lo específico de la región es que la Educación Superior se expande, incluso en países en los cuales –muchos de ellos– no han terminado de incorporar a su población infantil a la educación básica o –como la gran mayoría– que no han completado la incorporación (universalización) al nivel medio. Esto es un rasgo más de la desigualdad. O sea que la Educación Superior se "democratizó", o más bien se expandió (y se sigue expandiendo), cuando en el resto del sistema no se ha completado la incorporación de la población a los distintos niveles educativos. Esto es lo que la diferencia, por ejemplo, del desarrollo educativo de los países centrales. Pero, a su vez, estas tendencias históricas fueron afectadas por las reformas de los noventa y esta nueva década plantea una agenda distinta.

El nudo de mi exposición va a intentar plantear el siguiente argumento: las políticas de inclusión ponen en discusión el rol y las funciones de la universidad. En este sentido, si bien algo se dijo acá, en el primer panel de modo muy general, mi idea apunta a analizar qué cuestiones en la universidad se están redefiniendo y qué es lo que habría que discutir al respecto.

Bien, pero antes de avanzar en la exposición, menciono dos palabras respecto de la evolución reciente. Si uno mira desde los años ochenta para acá las orientaciones de política en la Educación Superior, podría decir que la década del ochenta estuvo centrada en la idea de democratización, entendida como ampliación del acceso. Observando las matrículas en ese momento, en el cual sobre todo los países del Cono Sur salían de las dictaduras, hay una tendencia a ampliar el acceso. En cuanto a los años noventa, si tuviera que sintetizar las orientaciones de política, podría decir que estuvieron más centradas en el problema de la calidad como eje estructurante. Finalmente, del 2000 en adelante, es toda una discusión.

En este último período, bajo una serie de gobiernos progresistas, de izquierda, neo-populistas, o como quiera que se caractericen (no me voy a detener en el debate sobre estas definiciones), pero cuando uno mira las políticas de Educación Superior –no en todos estos países–, se marca una discontinuidad que aparecería con respecto de los gobiernos anteriores, y hay distintas situaciones. A falta de una mejor definición, podría decirse que si hay algo que tienen en común es la mayor intervención estatal. Aquí, retomo a un amigo mexicano Adrián Acosta Silva, investigador de la Universidad de Guadalajara, que caracteriza este rasgo como un neo-intervencionismo estatal. La idea de que hay un mayor activismo estatal coincide con la idea de ubicar a la universidad, en términos discursivos, en línea con la problemática del desarrollo. ¿Hay modelo o no hay modelo? Es toda una discusión que no es solamente de la universidad, sino que también se vincula con otra: sobre qué estamos hablando cuando hablamos de desarrollo y qué ha puesto como eje de la política esta discusión de la expansión.

Ahora bien, si nos situamos en una mirada de largo plazo sobre la evolución matricular de la Educación Superior en la región, podemos observar que si hay algo en común en la mayoría de los países, desde la década del setenta en adelante, es que se han expandido, a pesar de distintos regímenes políticos, y que hay una tendencia a la expansión de la Educación Superior, que ciertamente no estamos diciendo nada nuevo. Así, Argentina, que en 1975 contaba con 579.736 alumnos, pasa en 2004 a tener 2.026.735, Brasil, por su parte, pasa de 1.089.808 a 4.163.733, mientras que México, de 562.056 aumenta en el mismo período a 2.236.454, y el resto de los países prácticamente cuadriplican el número de estudiantes (IESALC/

UNESCO, 2008)[1]. Sin embargo, cuando uno mira cómo fue esa expansión, por ejemplo cruzando con la variable público y privado, vemos que si bien todos se expandieron, no lo hicieron de la misma manera.

Así, un grupo de países como Brasil, Chile y Colombia son representativos de sistemas de Educación Superior donde la matricula privada se ubica entre 50% y 75%, por lo cual podemos decir que la expansión estuvo básicamente "traccionada" por el sector privado. Por otro lado, vemos otros países, en los cuales la matrícula es predominantemente pública, como en el caso de México, Venezuela o Paraguay. Y por último, un tercer grupo de países que podemos caracterizarlos como hegemónicamente públicos o donde este sector tiene una mayor centralidad (entre 75 y 100 % de la matrícula en el sector público).

Si analizamos la evolución de estas tendencias, podemos observar que la mayoría de los países tiende a desplazarse hacia el primer grupo, esto es, predominantemente privados. Entonces tenemos un dato bueno y alentador, que es que el sistema de educación se expande, el dato malo es que el sector privado es el que se expande más, y esto afecta a los países de tradición pública y países tradicionalmente con esquemas binarios.

Ahora bien, si esta caracterización la vinculamos con el tamaño de los sistemas y el grado de masificación (tomando el dato de tasas de escolarización), observamos que hay sistemas universitarios de gran tamaño, súper elitistas, o de pequeño tamaño, más igualitarios (en términos relativos). Así, tomando las tasas de escolarización, vemos que en un extremo tenemos a Argentina, que es un sistema masivo con tasas de escolarizaciones altas (más del 50 %). En el otro extremo, tenemos a aquellos países como Brasil y México, que si bien sus sistemas son de tamaño grande, según sus tasas de escolarización, pueden ser caracterizados como elitistas, ubicándose en el medio, países como Chile y Colombia, con sistema de

---

1   IESALC/UNESCO (2008) Tendencias de la Educación Superior en América Latina y el Caribe. Santiago de Chile.

tamaño mediano y tasas de escolarización por debajo del 30 %. Entonces, cuando hablamos de democratización, estamos diciendo cosas distintas, porque los contextos y configuraciones son distintos, aun tomando solamente estas variables de tamaño, público-privado y tasas de escolarización. Es importante esta advertencia, porque con este esquema el debate se complejiza un poco más.

En estos porcentajes que muestran estas tasas de escolarización también hay un dato que marca lo que señalaba anteriormente, este imperativo de ampliar el acceso, si uno mira los años recientes en función de las tasas brutas de escolarización, hay un incremento, –salvo Uruguay, que en eso coincido con lo que decía la colega al principio, que no ha empeorado pero tampoco ha mejorado–. De todos modos, piensen que un 63 % de la tasa bruta de escolarización de Uruguay no es poco; Brasil, pese a todos los esfuerzos que ha hecho, está en el 27%.

Ligado a las tendencias de expansión está el tema de la graduación. En este sentido hay pocos datos, pero en el Compendio Mundial de la UNESCO de 2007[2], aparecen comparaciones internacionales de datos de graduación.

Al respecto, se puede señalar que la expansión o el mayor ingreso no va de la mano del egreso (aunque parezca una obviedad), lo que sí no es una obviedad es que los países latinoamericanos, salvo Argentina, que tiene un 14% de graduación, tienen mecanismos de selección al ingreso. Brasil tiene el *vestibular* y su tasa de graduación es del 19%; Chile tiene la prueba nacional de admisión y su tasa es del 15%; México tiene los exámenes de ingreso y una tasa del 19%; Venezuela, en el caso de las universidades tradicionales, también tiene pruebas de admisión (tasa de graduación del 15%), después vamos a ver que en este país ha cambiado con las nuevas universidades.

---

[2]   UNESCO (2007) Compendio de la Educación Superior. Comparación de las estadísticas de Educación Superior en el mundo. Instituto de Estadística. Montreal.

Si miramos algunos países de otros continentes, vemos las tasas de graduación de Australia con 66%, Finlandia 56%, Italia 42%, Japón 41%, podría decirse que países mucho más desarrollados no son "más eficientes" en términos de graduación. Es decir el problema de la retención o de la egreso no es solamente de América Latina, sino un problema mundial que tiene que ver con los procesos de masificación.

En un nivel más conceptual para tratar de problematizar esta temática, vamos a decir que el concepto de *democratización*, sobre el cual hay un debate, puede pensarse en dos claves de análisis: una a partir de la participación o la democratización en términos de proceso de ampliación, de toma de decisiones, y otra, a partir de la democratización en el sentido de representación de los actores. El concepto de *inclusión* viene desde otra conceptualización que parte del reconocimiento de que la sociedad no es homogénea, sino que, por el contrario, es profundamente desigual y, por ende, esta idea de inclusión va de la mano de procesos de exclusión como su reverso. Tomamos estos dos órdenes conceptuales, cuando pensamos en la universidad como institución de conocimiento avanzado, que se constituyó alrededor de otros valores, un poco lo que Myriam Southwell decía. Se constituyó alrededor de la idea de *jerarquía, excelencia y mérito,* ésta es la característica de la universidad. Por esta razón, las políticas de inclusión ponen en discusión estos conceptos y su vinculación con la idea de universidad.

Partiendo de la conceptualización anterior, analicemos las políticas que han desarrollado los distintos países. En este sentido, la intención es mostrar qué políticas se enfocaron en el acceso, en términos de mecanismos y criterios de selección, qué políticas –si es que las hubo– se orientaron hacia cómo expandir el sistema y qué políticas se dieron en términos de inclusión.

¿Qué es lo que observamos en términos de acceso? Salvo Argentina y Uruguay, el resto de los países tiene sistemas de selección. En estos países la discusión pasa por si el acceso es a través de pruebas de mérito, por pruebas masivas, si son las universidades o estatales, etc. Cuando vemos el tema de la expansión, acá hay otro tema interesante que mencionaba María Gabriela Siufi en su intervención, que en Argentina la idea que predomina es que expandir supone crear universidades. En el caso de Brasil, ha definido otra estrategia de expansión: por un lado, expandir a través de ampliar las plazas del sector privado mediante becas (ProUni) y la expansión de nuevos campus, es decir, no es el mismo que el criterio de Argentina. En el caso de México, sigue la línea de Argentina de crear nuevas universidades. En Uruguay, los cambios en la Universidad de la República de descentralizar en Centros Regionales es otra estrategia, la cual no sería la de crear nuevas universidades, sino de expandir la universidad existente. En el caso de Venezuela, la política de expansión está centrada en crear universidades de distintas características con distintas funciones.

Si uno mira las políticas de inclusión, por ejemplo, en los países que asumen que con el acceso no basta para garantizar la Educación Superior -es lo que vemos en general-, hay una predominancia de las políticas de becas estudiantiles como instrumento. Salvo algunos casos como Brasil, donde las políticas de inclusión se asocian a las políticas de cuotas según raza, sexo y clase social.

Eso nos lleva a la última cuestión, que es la cuestión de cómo en las políticas de democratización hay cierta idea subyacente de un viejo planteo de los organismos, sobretodo de la UNESCO, de la idea de igualdad de oportunidades. Una idea de los años 60, en el cual esta noción puede estar asociada a la no selectividad, o sea como igualdad en el acceso. En el caso de Argentina, e incluso en el caso de Uruguay también, la igualdad de oportunidad se identifica con la idea de que no haya selección; ahora, en otros países, esa misma idea estuvo ligada con el principio meritocrático, que es uno de los rasgos característicos de las universidades que señalábamos. En el caso de Brasil, la idea de igualdad de oportunidad está condicionada por la selección: todos tienen igualdad para presentarse a la selección, esto es, un principio meritocrático donde ese derecho está sujeto a que el individuo demuestre que tiene competencias para acceder a ese nivel educativo.

Ahora bien, las políticas de inclusión ponen el acento en otro aspecto (sin olvidar la problemática del acceso), que es la cuestión de garantizar o, mejor dicho, de que el acceso no garantiza la consecución de los estudios. Podemos decir que pone el acento en la idea de igualdad de resultados en el sentido de prestar atención a las condiciones materiales y simbólicas, algo que también señalaba Myriam Southwell. Claro que dentro de las políticas de inclusión hay variedades, que combinan con el principio meritocrático, que es el caso de Brasil, donde aquellos sectores que logran acceder al sistema universitario lo hacen por vía de políticas de acción positiva. Entonces, ¿qué es lo que estoy señalando?: que dentro de esta gama de políticas que podemos llamar de inclusión, conviven distintos criterios que hacen a la definición de universidad.

Para cerrar, diría lo siguiente: asumir esta tendencia a la universalización, supone asumir que estos principios que definen a la universidad deben ser reformulados. Ahora esto supone, y es mi posicionamiento, que ese debate sobre la universidad debe ser un debate en plural, esto es, la idea de distintos modelos de universidad.

Hace un par de años, en el informe del CINDA (Centro Interuniversitario de Desarrollo)[3], que coordina el grupo de José Joaquín Brunner (2011), se señalaba que, en realidad –una idea discutible–, estamos asistiendo a la emergencia y expansión de una universidad posmoderna. Porque él dice que en América Latina hay 4.000 universidades, más de 25.000 institutos superiores, desde universidades indígenas a universidades de empresas; de sectores privados, que atienden a sectores populares a las de sectores públicos, que atienden a las élites; instituciones más del mercado; instituciones más profesionales; instituciones más artísticas; instituciones más científicas,

---

[3]   CINDA (2011) Informe de la Educación Superior en Ibero América. Santiago de Chile.

etc. Es decir, ¿qué queda de la idea de universidad, si uno mira la realidad existente? Si bien uno no sabe si Brunner festeja o no, yo no festejaría, en el sentido en que esa diversidad encierra fuertes desigualdades, pero sí me parece que el debate tiene que ir por pensar distintos modelos de ser universidad, lo cual supone combinaciones diferentes de estos principios de meritocracia, de jerarquía, de excelencia. Significa pensar, de maneras diferenciadas, estas instituciones, pero articuladas en términos de funciones o misiones, ya que el riesgo que conlleva esta heterogeneidad es que se profundicen aún más las desigualdades que ya existen en el sector.

El sistema universitario uruguayo: características y fuentes de inequidad[1]

ADRIANA MARRERO Y LEANDRO PEREIRA DE LOS SANTOS

Es difícil tomar la palabra después de las ideas tan potentes que ya se han expuesto en esta mesa, y que requieren y merecen un diálogo que esté a su altura. Por eso, voy a tratar algunas cuestiones que tenía preparadas en este documento elaborado junto con Leandro Pereira, y otras que quisiera decir para continuar el debate.[2]

Una vez, en un congreso, comencé una disertación sobre universidad e integración regional diciendo: "Vamos a ponernos de acuerdo en algo: el Mercosur no existe, ¿verdad?" Por supuesto hubo risas..., pero detrás de ellas, el reconocimiento de que a veces nos sentimos en el reino de Gabo, donde

---

[1] Las fuentes de datos consultadas y citadas en la presente ponencia son las siguientes: Encuesta Nacional de Hogares Ampliada 2006. Perspectiva de Género. Mayo 2007. Informe Temático. Encuesta Nacional de Hogares Ampliada 2006. Buchelli. Marisa, Cabella. Wanda, Perfil demográfico y socioeconómico de la población uruguaya según su ascendencia racial. MEC (Ministerio de Educación y Cultura). Dirección de Educación. Anuario Estadístico de Educación (2009). Montevideo. Extraído el 28/6 de 2011 desde: http://goo.gl/Pjnhe5. Estadística Básica 2009 de la Universidad de la República. Dirección General de Planeamiento. Montevideo, Uruguay, 2010. Udelar: Censo Web de Funcionarios Universitarios. Año 2009. III Censo Docente. Informe Preliminar. Principales características de los docentes universitarios 2009. 2010. Udelar: VI Censo de Estudiantes de la Universidad de la República. Principales características de los Estudiantes de la Universidad de la República 2007. Diciembre 2007, 29, 96.

[2] Pueden consultarse los siguientes trabajos de los autores: Marrero A., "La inclusión que nos falta: nuevos y viejos excluidos en la universidad pública uruguaya en la perspectiva del bicentenario", Congreso Iberoamericano de Educación METAS 2021, OEI, Bs. As., Setiembre, 2010; y también Marrero, A., Pereira, L., "Buenas prácticas en Educación Superior: un estudio comparado con IES de Argentina, Brasil y Uruguay, miembros plenos del MERCOSUR. El caso uruguayo". Documento de trabajo del Proyecto RESUME, (FLACSO, Udelar, UFSC-Mercosur Educativo) 2014.

predomina el realismo mágico y fingimos vivir unas realidades totalmente inexistentes. Es en este marco donde termino ubicando al Mercosur, como algo irreal o surreal, si se quiere virtual, pero que pocas veces es lo que se declara.

Por eso, en esta mesa, donde se abordan los casos particulares de cada país en clave comparativa, voy a referirme a algunas peculiaridades del caso uruguayo, que aportan a lo que las panelistas anteriores mencionaban, es decir, la cuestión de la diversidad y de la contextualización de los significados. No es lo mismo pensar en la inclusión, a través de la creación de las universidades indígenas, como en Bolivia, que hacerlo en Uruguay, donde la inclusión requiere de otros instrumentos. Vamos, entonces, a ver algunos rasgos característicos del sistema universitario uruguayo, para construir el contexto específico desde el que se puede comparar y dialogar.

En primer lugar, el sistema universitario uruguayo es muy mayoritariamente *público*. Sabemos bien las fuertes tendencias a la privatización que están sufriendo los sistemas universitarios en el mundo entero. Pero Uruguay registra el 88% de toda su población universitaria y terciaria en el sistema público. El carácter público del sistema va de la mano con la gratuidad, que es total, desde el preescolar hasta los doctorados, así como del libre ingreso en la gran mayoría de las carreras de pregrado. Esto es, basta con haber culminado el ciclo anterior de estudios para ingresar libremente sin prueba alguna a los estudios de pregrado. El ingreso a los posgrados sí pasa por una selección, aunque los posgrados académicos son igualmente gratuitos. La gratuidad –que forma parte de los cimientos fundantes de la educación uruguaya a todos los niveles desde el siglo XIX– es el principal mecanismo a través del cual se ha buscado garantizar la equidad en el acceso de los estudiantes de distintos estratos sociales, y se encuentra consagrado en la Constitución. Sin embargo, por sí solo, es insuficiente para asegurar una equidad, ya que pocos estudiantes pueden dedicarse exclusivamente a sus estudios. Como ejemplo, baste decir que en el Universidad de la República (Udelar), casi el 77% de los estudiantes es económicamente activo, y casi el 56%

se encuentran efectivamente ocupados; el 60% de quienes trabajan lo hacen más de 30 horas semanales. Las universidades privadas, que reúnen entre el 10 y el 15% de la matrícula total del estudiantado, son escasas: la Universidad Católica del Uruguay (UCUDAL) –la primera universidad privada, fundada en 1984, de inspiración jesuita–, la ORT, de religión hebrea, la Universidad de Montevideo (UM), que pertenece al Opus Dei, y la Universidad de la Empresa (UDE). Ésta es, por cierto, una realidad que es curiosamente inversa a la del sistema universitario brasileño: mientras que en Uruguay, a grandes rasgos, la universidad pública y la privada tienen una relación de 80% para la pública contra el 20% para la privada, en Brasil es justamente al revés: un 20% para la pública y un 80% para la privada.

En segundo lugar, el sistema universitario se encuentra casi exclusivamente dominado por una sola universidad: la Udelar, que fue monopólica dentro del sistema público hasta que, recientemente, se creara la Universidad Tecnológica (UTEC), que apenas ha comenzado a funcionar con unos pocos cursos de tipo técnico. Esto no tiene modo de ser, comparado con ninguno de los países del MERCOSUR, y me atrevo a decir que, prácticamente, del mundo. Contar con una sola universidad, por más grande y abarcativa que sea, es un problema. Más del 80% de todos los estudiantes terciarios y universitarios lo son de la Udelar. Es una universidad que está regida por la Ley Orgánica de Octubre de 1958, y como ya comentamos en la mesa anterior, es autónoma y co-gobernada, con participación de estudiantes, docentes y egresados en los claustros, consejos y comisiones. Aunque pueden darse cifras exactas, seguiré acá la síntesis que, para mayor claridad, suele hacer nuestro actual Rector (el Dr. Roberto Markarián) sobre la dimensión de la Udelar: unos 100.000 estudiantes y unos 10.000 docentes. La "unicidad" de la Udelar en el panorama universitario público tiene consecuencias variadas y no pocas veces adversas en sus tres funciones: enseñanza, investigación y extensión. Genera, en los hechos, una uniformidad marcada en sus egresados de todas las carreras, cierra puertas a otros puntos de vista y a otras opciones, y cierra a los docentes e investigadores la oportunidad de cambiar de lugar de trabajo. La falta de competencia que genera este monopolio virtual no favorece la preocupación de la Udelar para establecer relaciones favorables y abiertas con la sociedad, dificulta la instalación de un verdadero sistema de rendición de cuentas y de medición de los resultados, y obstaculiza el impulso por generar políticas de mejoramiento de los indicadores relativos a la función de enseñanza, así como de investigación y desarrollo. Finalmente, hay que subrayar la barrera simbólica que, por el peso histórico y académico de la Udelar, se interpone entre ésta y las clases sociales más desfavorecidas.

En tercer término, la universidad pública, así como todo el sistema educativo uruguayo, gozan de la más amplia autonomía que consagra la Constitución. El Ministerio de Educación y Cultura tiene escasa injerencia en las políticas aún preuniversitarias, que se encuentran en manos de un ente autónomo (la Administración Nacional de Educación Pública, ANEP), órgano que se encarga de impartir y supervisar toda la educación pública del país, desde la inicial al profesorado y magisterio, pasando por la educación primaria y media. Asimismo, la ANEP supervisa a las instituciones privadas de enseñanza preuniversitaria. Tampoco el MEC tiene injerencia en las políticas universitarias públicas, que quedan reservadas, en virtud de su autonomía, a la Udelar. No abundaremos sobre estos aspectos, a los que nos hemos referido en la presentación de la mesa anterior.

Así que, enmarcados en estas características generales, cabe preguntarse, ¿cuáles son los principales problemas de inclusión y de democratización en este país que, como vimos, tiene un sistema universitario muy raro, en varios aspectos?

En general, es posible percibir tres grandes fuentes de inequidad, referidas todas a la inclusión estudiantil: la socioeconómica, la geográfica y la del sexo.

En primer término, el sesgo socioeconómico, que es característico de todos los sistemas educativos a todos los niveles, y aunque tiene su origen en etapas previas de escolarización, afecta el ingreso, la retención y el avance de estudiantes a nivel universitario. El anuario estadístico de educación del MEC de Uruguay, 2008, muestra la marcada desigualdad en el acceso a la enseñanza superior, de acuerdo al estrato socioeconómico al que se pertenezca, a niveles previos al universitario: los jóvenes pertenecientes a núcleos familiares que integran el 20% de los hogares con mayores ingresos mantienen su escolaridad cercana al 100% en las edades teóricas de escolarización inicial, primaria y media. Se observa un descenso en los niveles de participación en la educación, a medida que avanza la edad en todos los quintiles de ingreso, aunque de manera más pronunciada en los hogares con menores niveles de ingreso. Para el primer quintil, se verifica una fuerte caída en el porcentaje de asistencia a centros educativos de los jóvenes entre las edades donde se produce el pasaje a la enseñanza superior: mientras los jóvenes de 17 años muestran una asistencia del 46,7%, hacia los 18 años esta participación disminuye al 27,2%. Si observamos este mismo dato en los hogares con mayores niveles de ingresos, vemos que el descenso es marcadamente inferior, pasando de 67,7% al 52,8% (MEC 2009, con datos de 2008). La brecha relativa en la cobertura educativa según quintiles de ingresos es notoria entre los 3 y 4 años, disminuye notoriamente en el tramo de edad comprendido entre los 5 y 12 años, y comienza a pronunciarse nuevamente a partir de los 13 años, expandiéndose constantemente hasta los 16 años y tornándose máxima entre los 18 y los 20 años de edad. Puntualmente, es fácil percibir una gran diferencia en la asistencia a centros educativos en la edad de 22 años, siendo de sólo 5,7% para el primer quintil, mientras que para el último aumenta hacia el 68,2%.

En segundo lugar, el sesgo geográfico. El sistema universitario uruguayo –y no sólo la UR– se concentra fuertemente en la capital del país, Montevideo, al igual que el resto de las actividades económicas, políticas y sociales. La capital, que concentra el 41% de la población uruguaya, concentra también la gran mayoría de las actividades universitarias. A pesar de los recientes esfuerzos de descentralización, a través de la construcción de sedes universitarias de la Udelar en el interior del país, esto

representa una "fuerte inequidad geográfica de nuestra educación universitaria, caracterizada por un fuerte centralismo,
reflejo del "macro-cefalismo nacional" (Pebé y Collazo).[3]

> Según datos del Censo estudiantil de 2007, el 60,6% de los estu-
> diantes nació en Montevideo y el 36,1% en el Interior del país.
> Pero si atendemos a la distribución en el territorio de los estu-
> diantes universitarios, vemos que casi el 80% (el 79,7%) reside
> en Montevideo, es decir, un 19% más de los de su propio ori-
> gen, dado que la mayor parte de los estudiantes originarios del
> Interior residen y estudian en Montevideo. En relación con los
> datos del Censo de 1999, se observa que la participación de los
> estudiantes nacidos en Montevideo verifica un leve descenso y
> tanto los nacidos en el interior como los nacidos en el exterior
> aumentan. Un dato interesante es que mientras los nacidos en
> el exterior constituyen un 3,3% de los estudiantes de la Universi-
> dad de la República, los nacidos en el medio rural o pueblos de
> Uruguay sólo alcanzan un 1%. Como ya dijimos, la presencia de
> la UR en el interior del país es todavía muy minoritaria, tanto en
> número de centros como de docentes y estudiantes. Un reciente
> empuje descentralizador, que creó Centros Regionales en distin-
> tas zonas del país, ha significado un avance de la Udelar en el
> Interior, en particular con la creación del Centro Regional Este,
> el Centro Universitario de Tacuarembó y con el crecimiento de
> los centros universitarios preexistentes de Salto y Paysandú.

En tercer lugar, el sesgo de género, que en Uruguay puede
expresarse como "la exclusión masculina". Uno de los fenómenos más notorios de las últimas décadas lo representa la
feminización de la matrícula universitaria. En el año 2000, la
matrícula femenina de la Udelar alcanzaba a más del 62% del
total. Esto supone que la UR está ampliando su base social,
principalmente a través de las mujeres, ya que si ingresaran
tantos hombres como mujeres, habría 6.000 estudiantes más.

---

3   Pebé, P., Collazo, M. "Sistema Nacional de Educación Superior en la ROU", 2004,
     en http://goo.gl/G8ptZp, p.11.

La distribución femenina en la Udelar, como imaginan, no es homogénea. Una lectura por áreas de conocimiento nos permite identificar tres tramos, según el peso relativo de las mujeres: 1) el área de la salud, con una feminización relativa muy alta, del 77%; 2) las áreas social y artística, con valores de feminización de la matrícula similares al del total de la Udelar, del 66,6 y 64,7%, respectivamente; y 3) las áreas científica y agraria, con niveles más bajos de feminización de la matrícula, que aun así alcanzan el 46,6 y 44%, respectivamente. A su vez, el agrupamiento de estas áreas en estos tres niveles tiene su correlato para la feminización del egreso: en 2004 egresaron un 82,3% de mujeres en el área salud, un 66,1% en el área social, y un 53,1% en el área artística. Las demás áreas registraron egresos minoritariamente femeninos: 42,7% el área científica y 41,9% el área agraria, aunque en esta última las facultades de Veterinaria y Agronomía tienen porcentajes de egreso femenino bien distintos entre sí: el de Agronomía se ubica en el 27,5%, mientras que Veterinaria más que lo duplica, situándose en 57%. Las facultades del área científico-tecnológica también presentan realidades distintas: Química tiene un altísimo porcentaje de mujeres entre sus egresados (80,8%), luego vienen las facultades de Ciencias (66,2%) y Arquitectura (53,0%) –que poseen dentro del área los porcentajes más similares al del total de la Udelar– y muy lejos, y en último lugar, se ubica la Facultad de Ingeniería: tan sólo el 15,2% de sus estudiantes egresados en 2004 eran mujeres. Las facultades del área social también tienen un comportamiento similar al de la matrícula: existen entre ellas muchas menos diferencias que entre las facultades de otras áreas. Así, la Facultad de Ciencias Sociales tiene el porcentaje más alto de mujeres entre sus egresados en 2004 (70,6%), seguida de Derecho (69,6%), Humanidades (67,9%) y Ciencias Económicas y de Administración (58,2%). Finalmente, entre las facultades del área de la salud, las diferencias respecto del porcentaje de mujeres dentro del total de egresados en 2004 son mayores que las que se producían respecto del porcentaje de mujeres dentro del total de matriculados en 2000. La Facultad de Psicología tiene un altísimo porcentaje de mujeres dentro del total de egresados (90%), seguida por un también muy alto porcentaje en la Facultad de Enfermería (86,6%), un 72,8% en Odontología, y un 67,4% en Medicina. Es destacable que todas las facultades del área tienen más egresadas mujeres en términos relativos que el total de UR.

Como conclusión de este apartado, cabe destacar que, en general, se produce una leve "selección" positiva de sus estudiantes mujeres, lo que se expresa en un *porcentaje de egreso de las mujeres superior al del ingreso*. Cabe reiterar las diferencias internas que se producen dentro de las áreas, especialmente en el caso de Ingeniería, que presenta la más alta selección negativa de las mujeres y, en el otro extremo, de Agronomía, que selecciona muy favorablemente el egreso femenino (Marrero y Mallada)[4]. También los estudios de posgrado se encuentran feminizados, aunque en proporción menor que a nivel de grado. En los posgrados privados, el 67% son estudiantes de sexo femenino y en la UR representan el 56,1% de los ingresos para el año 2007. Esto señala que la distribución del sexo en posgrado es inversa a la distribución sexual en el grado para la esfera privada, y bastante distinta a nivel público. Recordemos que de la UR egresaron, en 2004, casi un 67% de mujeres; pero ese guarismo desciende a 56% cuando nos referimos al nivel de posgrado. Posiblemente, esto se deba al sexismo que caracteriza al proceso de selección de candidatos para posgrados en la Udelar. Comparativamente, las privadas reciben más mujeres a este nivel, lo que sugiere que las mujeres –siempre hablando en términos relativos– deben pagar para obtener títulos de posgrado, más frecuentemente que los hombres.

El mejor desempeño de las mujeres en la educación es visible también a nivel de posgrados. Aunque no se trata de cifras comparables, debido a que se refieren ambas al mismo año, vale la pena mostrar que, siempre según datos del año 2007, las mujeres son el 61,1% de los egresados de posgrados en la universidad pública y casi el 80% (79,7%) de los

---

4   Marrero, A., Mallada, N. (2009), La universidad transformadora. Elementos para la discusión de la relación entre educación y género, CSI-Udelar, Montevideo.

posgraduados de las universidades e institutos universitarios privados. Esto muestra que los sesgos en la selección de candidatos para los programas de maestría y doctorado de la Udelar actúan en el sentido de perjudicar la eficacia de los programas. Más mujeres contribuirían a elevar la tasa de egresos. Las instituciones privadas, que sólo tienen en cuenta la capacidad de pago y aceptan, por lo tanto, a todas las personas que se inscriben, sean hombres o mujeres, se ven favorecidas por el mejor desempeño de estas últimas.

Por último, dediquemos unas palabras al sesgo étnico. Aquí, es necesario aclarar que no es tradición de las mediciones de la población uruguaya interrogar sobre raza o etnia. Sin embargo, en 1996, la Encuesta de Hogares solicitó la autodeclaración de "raza". El 88% de la población resultó de origen europeo. Sólo el 5,9% de la población se consideraba "negra o negra y sus mezclas", y 0,4%, "indígena y sus mezclas". El escaso porcentaje de población no europea no justifica, sin embargo, olvidar el examen del sesgo étnico. Curiosamente, los porcentajes de autodeclaración de "raza" del Instituto Nacional de Estadística coinciden bastante con el de los estudiantes de la Udelar: el 87,9% de las estudiantes y el 86,9 de los estudiantes son de ascendencia blanca; un 1,8% de mujeres y un 2,1% de hombres, afrodescendientes; un 0,4% de mujeres y un 0,5% de hombres declaran tener ascendencia indígena. El resto se compone de otras categorías. Para los afrodescendientes y los blancos tanto la brecha de género como el patrón de crecimiento intergeneracional que ha tenido la educación se repiten. Es decir, en ambos grupos, las generaciones nuevas acumulan más años de estudios, superando a las anteriores. Los indígenas no tienen una brecha que sea estadísticamente significativa con la población blanca. Según la Encuesta Nacional de Hogares ampliada de 2006, la población afrodescendiente, que tiene más de 35 años, presenta sí una brecha educativa significativa, alcanzando un promedio de dos años menos de educación que los blancos. A través de la asistencia, se puede constatar una cierta paridad en las nuevas generaciones, aunque la brecha comienza a ensancharse al llegar al rango de 14 a 17 años, donde las personas afrodescendientes tienen una asistencia del 68%, las indígenas, del 78% y las blancas, de 80%. La diferencia entre las poblaciones blancas e indígenas no es significativa. Según estas cifras, aunque se atienda sólo a la proporción de la población no blanca, se evidencia la dificultad de comparación de esta realidad con la brasileña, por ejemplo, así como la posibilidad de generalizar sobre políticas a fin de incrementar la inclusión social y la democratización de nuestras universidades.

Para finalizar, entonces, y buscando entre el análisis y los datos alguna idea fuerza que pueda caracterizar la problemática del campo educativo y universitario en Uruguay, yo propongo, como cuestión problemática, la de la homogeneidad y la unicidad, ambas como obstáculo para un desarrollo inclusivo del conocimiento de más alto nivel, para bien del país y de todos sus habitantes.

Esto, claro, se remonta a los orígenes del Uruguay como nación y a sus múltiples mitos fundantes, entre ellos, el principal, el del Uruguay como un país pequeño, templado, apenas ondulado, con una población homogénea, casi perfecto, con un destino único que cumplir, y con instrumentos únicos para hacerlo. Una sola lengua, una sola educación, con un solo programa educativo a lo largo y ancho del territorio, una universidad pública única, una formación docente única, empresas públicas únicas, una central obrera única, y en fin, demasiada cosa única, homogénea, normalizante. Los uruguayos no terminamos de creernos el que padezcamos desigualdades educativas: la gratuidad lo subsana todo, y cualquier uruguayo típico le responderá sin dudar que posiblemente la educación "de antes" era mejor, pero que no era en absoluto desigual, cuando realmente, tenemos ahora una educación más igualitaria que nunca antes. Con todo, hay mucho por hacer, pero la búsqueda a ultranza de la uniformización y la satisfacción con la singularidad de las cosas dificulta enormemente el emprendimiento de algunas reformas que son insoslayables. Hoy mismo, Uruguay está invirtiendo casi ocho veces más en educación, como porcentaje de su PBI, que hace diez años, cuando asumió el gobierno progresista por primera vez. En su nuevo período, el porcentaje del PBI, que hoy alcanza el 4,5%, se elevará hasta el 6%. ¿Por qué no apostar, entonces, a la creación de nuevas y diversas instituciones de Educación Superior? ¿Por qué no crear los instrumentos para una inclusión de todos, de las clases, los territorios, los varones excluidos, que aunque nos pese a los uruguayos, también existen? ¿Por qué no combatir la desigualdad, fomentando la diversidad, abandonando para siempre esa parte del mito nacional que nos ve y nos quiere unificados, uniformizados y homogeneizados en instituciones únicas? Para nosotros, ése es el desafío.

Preguntas del público y comentarios del panel

Público: Soy de Colombia, mi reflexión parte de retomar la perspectiva de la Educación Superior como derecho. Pensaba en todas las exposiciones de la literatura, y si ese acceso –o ampliación del acceso que se entiende prioritaria– efectivamente garantiza el derecho a la Educación Superior o si es una falsa ilusión. El caso, por ejemplo, del CBC (Ciclo Básico Común) en la Universidad de Buenos Aires, se enuncia como un modelo de acceso universal y, a mi modo de ver, es un modelo darwiniano disfrazado, que podría equipararse al de Brasil o a los exámenes de la Universidad Nacional de Colombia, porque abre la puerta, pero finalmente termina filtrando, es decir, que lo único que hace es alargar la frustración de quien quiera ingresar. Además, trayendo consigo costos, no solamente para el estudiante, sino para la misma institución, los profesores, y el sistema, porque finalmente son costos en términos económicos, en términos de tiempo, etc. Asistir todo un año a la universidad y si finalmente no se aprueba, se es rechazado, lo que es un problema. Por eso, me pregunto: ¿Qué es más fuerte, quedarse en una prueba que ni siquiera da acceso o alimentar una ilusión que va a frustrar a corto plazo a muchos estudiantes a un costo demasiado elevado para el aparato estatal? No sabría la respuesta, simplemente genero la pregunta en perspectiva del derecho a la Educación Superior.

Público: Mi aporte aquí sería que América Latina debería dejar de mirarse en Europa, dejar de mirarse en otro modelo, con el cual no tiene nada que ver. América Latina es mucho más rica de lo que nosotros conocemos. En la Unión Europea, hay un montón de realidades nacionales, la de España, la del Reino Unido, etc.; todas las realidades nacionales fueron creadas en el siglo XIX. Entonces, España es un invento, es una identidad que nos marcaron, nos impusieron una realidad para que creamos que somos españoles, no lo somos, es lo que impusieron.

La reflexión es: ¿quién elige los modelos educativos?, antes los elegía el gobierno nacional sobre las universidades, y ahora se amplía más aún y son los gobiernos regionales los que deciden cuáles son los contenidos que se deben dar en los países. Bueno, eso rompe con la diversidad nacional, que ya se rompió al ser nación. El plan Bolonia, que tanto se mira, ha sido muy discutido, pero fue una imposición y no estoy tan de acuerdo con que fuera un éxito, sino más una imposición curricular y metodológica.

Público: Mi pregunta es: ¿qué falta para que se valore al profesor como tal, para que haya una preocupación real por parte del Estado por la carrera docente? Porque hay diferentes formas de humillar, por ejemplo, los sueldos son realmente bajos, comparados con otras carreras. Y, otra pregunta, si consideran que las universidades privadas, a pesar del estigma que puedan tener, le dan una oportunidad a las personas de clase baja a estudiar, ya que las universidades estatales hacen distintos tipos de exámenes que para aprobarlos se necesita una buena educación, es decir haber estudiado en una primaria y secundaria privada.

Panel

Dr. Claudio Suasnábar: Tengo varios comentarios y respuestas. Primero, la idea de los derechos, y en cierta manera tu pregunta, dan cuenta de las sospechas de que ya se tenían sobre el liberalismo clásico, y sobre los derechos, si efectivamente con la letra de la ley alcanzaba para garantizarlos. Obviamente, la respuesta es no, las leyes son un progreso, marcan posibilidades, pero el debate, a mi modo de ver, es un poco la línea que presentaba en la exposición: el punto principal son los mecanismos que hacen efectivo ese derecho. Es interesante, porque se pone en discusión el tema de la universidad, si preguntas por qué razón en los países centrales en Europa, Estados Unidos y Canadá tienen alrededor del 85% de la tasa neta de escolarización de la Educación Superior: casi sobre 100 jóvenes 85 están en la Educación Superior. ¿Cómo hacen? Básicamente, diferenciando el sistema vía examen; sería todos adentro, pero no mezclados. Ahí es cuando empieza la cuestión de si hay que seleccionar a la población o no. Seleccionar puede ser exclusión o puede decir: "mirá vos tenés más competencia para esto o para esto otro".

En América Latina esta discusión es más complicada, porque la tradición ha sido más bien la selección de carácter más clasista y elitista, y no la idea de diferenciar el sistema. En cada país, esto tiene distinta forma y grado de discusión, en tu país (Colombia), es un carácter mucho más clasista, tienes una universidad para los ricos, famosos y exitosos, para las élites nacionales y el sector privado, para los pocos sectores populares que quedaron. Discutir este tema, supone discutir de qué manera. A mi modo de ver, si los países no hacen una definición estratégica, lo va a hacer el mercado, y es un poco la tercera pregunta, respecto de si es un fenómeno que está presente, en muchos países de América Latina; sectores privados, en los cuales sus clientes son los sectores populares, desde sectores más bien de mercado y, en el caso de algunos países, incluso la Iglesia cumple un papel interesante. Esto es parte de las paradojas. Creo que un debate de la región y en cada uno de los países es: ¿cuál es el lugar del sector privado?, ¿la función del sector privado?, y en qué medida estas instituciones expresan lo público, lo cual resulta otra paradoja. En América Latina se tendió a ver que lo público es sólo lo estatal, pero ahí hay una discusión. Si uno redefine, discute esa idea, eso le permite pensar cuál es el lugar de las instituciones privadas, habida cuenta de que las matrículas te están indicando que parecería que son aquel sector que tracciona la expansión.

Entonces, parte del escenario es: ¿qué lugar va a tener el sector privado?, y por ende: ¿cuál es la definición de lo público?; ¿y cuál va a ser la función de esta institución? Ahora, como señalamos, si no lo hace el Estado, lo va hacer el mercado, de hecho lo está haciendo.

Con respecto a la última pregunta de los docentes, yo hice un estudio de salarios docentes universitarios en la región, desearía vivir en Colombia, o vivir en Brasil, el que mejor paga es Chile, ahora el que peor paga es Argentina, es el precio de una universidad pública sin restricciones y masivas –como dicen los analistas–: todo tiene un precio. Ésa es una discusión que se tiene que dar. A diez años de mayor expansión de presupuesto educativo, mejoraron los organismos, pero el 60 % de los docentes universitarios de la Argentina ganan $ 4.000, son US$ 400 por mes.

Última consideración, sobre Europa/América Latina, quizás el problema, el horizonte de una identidad global, creo que está en los anhelos, en parte de la historia de América Latina, que precisamente como todas las identidades, son inventadas, las buenas y las malas, creo que el punto es que más que cuestionar la idea de identidad, lo que analizan los estudios sobre integración es cómo, de qué manera. Cuando llegué de hacer mi posdoctorado, hablé con mi orientador y me dijo: "Europa no existe, existen españoles, alemanes", igual que Bolonia, no existe, la mayoría de los estudiantes quieren ir a Londres, a París, ¿quiénes van a España? Bueno, los que no entraron a la universidad en Londres, en Alemania. Las desigualdades tradicionales siguen; el punto no es decir no a pensar un horizonte supranacional, que contenga la diversidad, sino cuál es el mecanismo, cuáles son las formas, si son impositivas, si son negociadas, si son construidas, si son procesos lineales. Creo que ésa es la discusión, pero para hacer esa discusión, hay que partir de que eso no existe, de que es la voluntad de hacerlo. No creamos que está en el origen y que estamos condenados a la patria grande latinoamericana.

Dra. Gabriela Siufi: Respondiendo a la cuestión de que el MERCOSUR no existe, la Unión Europea no existe, trabajando en el ámbito de la cooperación y la internacionalización, la verdad es que algo hay que decir, hay muchos niveles de existencia y distintos planos acerca de los que se pueden decir las cosas, si ustedes me dicen si existe una ciudadanía europea, una ciudadanía Mercosureña o una ciudadanía latinoamericana recorrida por la gente, estamos en problemas.

Retomo el tema de la desigualdad en Latinoamérica, del continente respecto de otros, al interior de los países y dentro de cada uno de los países, son varios niveles de desigualdad, con lo cual también la cuestión se va complejizando. El MERCOSUR, es sólo una referencia lo que voy a decir, lo mismo diría con respecto a Europa, no quiero profundizar, se puede puntualizar y demostrar con hechos concretos y con impacto, programas que se han realizado no sólo en el orden educativo, que es lo que nos convoca, sino en el aspecto social, en el aspecto de salud, el tema migratorio, el tema circulación de personas, existe: es real. Hoy, uno viaja con el mismo documento que usa en su país a todos los países miembros del MERCOSUR, eso existe, sólo por poner un ejemplo. Ni en el tema educativo, ni en el modelo político comparto que el camino que se está tomando es seguir el europeo. La propia constitución del MERCOSUR no está estableciendo un centro como Bruselas en la Unión Europea, y la propuesta del UNASUR y de la propia Comunidad de Estados Latinoamericanos y Caribeños (CELAC) realmente pasan por otro tipo de construcción política, no son equiparables a la Unión Europea. En el marco de la integración educativa, los avances se están dando en términos de reconocimientos de títulos a nivel regional, o a nivel bilateral. Hay conversaciones muy claras y avances respecto de acreditación, mecanismos de entendimiento, tenemos mecanismos regionales de la acreditación de la calidad, que tampoco ha sido el modelo que ha usado Europa. Entonces, se tiene en cuenta a Bolonia, lo vivimos a diario cuando tenemos que sentarnos a ver el convenio de reconocimiento de títulos con países europeos, etc., pero no diría que el modelo que se sigue es Bolonia, a mi parecer.

Capítulo III

Algunas consideraciones sobre el proceso de internacionalización en las universidades argentinas
Moderadora: Analía Otero (CONICET- FLACSO)

Interrogantes y desafíos para la política pública universitaria de los próximos años

Mónica Marquina

Muchas gracias por la invitación. La verdad que estos espacios son fundamentales para intercambiar, para encontrarnos con viejos amigos y con gente con la que en algún momento de nuestras trayectorias nos hemos cruzado. Me hice un rato para venir a algunos paneles, para ver un poco qué era lo que se discutía, dado que esta mesa planteaba un balance y propuestas, interrogantes y desafíos. Entonces, en realidad, lo que preparé está focalizado en esas dos últimas cosas: interrogantes y desafíos de las políticas en Educación Superior, fundamentalmente las políticas universitarias, para los próximos años. De lo que pude ver, en todas las presentaciones, aparecían grandes temas vinculados con líneas de política respecto de la universidad; el acceso y sus consecuencias; las discusiones sobre la democratización, en términos de nuevos sectores que acceden a la Educación Superior, específicamente a la universidad; en qué medida esa palabra de equidad de los 90, ahora transformada en inclusión, llega o no a la democratización que planteaba Claudio Suasnábar. Después, Myriam Southwell, que focalizó en un aspecto que particularmente me interesa como tema, porque lo venimos investigando con nuestro equipo hace bastante tiempo, que es la profesión académica, o sea cómo estas políticas públicas orientadas a la universidad moldean conductas en quienes son los encargados de llevar adelante la actividad académica en las universidades. Apareció la evaluación de la calidad, en algunas exposiciones: ¿qué es calidad?, ¿para qué sirve la evaluación?, ciertas referencias a estos casi 20 años de experiencia de evaluación y acreditación universitaria; y, por supuesto, la internacionalización, en la cual, hoy y ahora, no me voy a centrar, porque acá tenemos gente muy especializada en el tema.

La pregunta que me hago, en función de estos grandes temas, para disparar la discusión, es cómo impactan estas políticas en la universidad o en las universidades como organizaciones, como instituciones que, a la vez, tienen misiones, visiones específicas y diferenciadas, y cómo se vinculan estas políticas con el cumplimiento de sus funciones fundamentales, que son formar, investigar y hacer extensión, transferir el conocimiento a su medio, a su territorio, a su sociedad. Estas políticas que atienden a una agenda nacional, ¿son complementarias, son contradictorias? ¿Cómo llegan a las instituciones? Y las instituciones, ¿cómo responden a ellas?

Interrogantes y desafíos sobre la inclusión-democratización

Entrando en el primero de los temas, las políticas de democratización, podemos reconocer que en Educación Superior, desde mediados del siglo XX y sobre todo en las últimas dos décadas, hay una expansión, a partir de los procesos de masificación, en términos demográficos, en la medida en que nuevos sectores van accediendo a lo largo del siglo XX a la Educación Media, y naturalmente esto impacta a lo largo de los años en los niveles superiores. ¿Cuáles han sido las políticas más recientes vinculadas con este tema de la democratización y del acceso de nuevos sectores a la Educación Superior? En los 90, había una línea de políticas vinculadas con la diferenciación institucional, es decir, se trataba de crear distintos tipos de formatos de Educación Superior para esta nueva demanda en el nivel. De políticas que fomentaban el ingreso selectivo e incluso el arancel universitario, pasamos a una etapa nueva, donde el eje ya no está puesto en la equidad –término que implicaba una atención focalizada exclusivamente en sectores más vulnerables–, sino en la inclusión, a partir de políticas asociadas

a este objetivo. Se fomentó y se está fomentando la incorporación de nuevos sectores sociales a la universidad, a partir de
becas, con el Programa Nacional de Becas Universitarias, que
si bien tiene origen en los 90, ha seguido existiendo y se ha ido
diferenciado en distintas líneas, atendiendo a grupos específicos; con prestaciones particulares que apuntan a incentivar
tanto la terminalidad de la escuela media como el ingreso a la
Educación Superior, como puede ser la Comunidad de Estados
Latinoamericanos y Caribeños (CELAC). Además, se estable-
ció una política clara de expansión del sistema de Educación
Superior, específicamente el subsistema universitario, a partir
de la creación de nuevas universidades nacionales.

Esta política de creación de nuevas universidades es significativa. Ya la semana pasada se han aprobado nueve universidades más, además de seis o siete, que se crearon desde el
2003 hasta ahora. Claramente, ésta es una política que tiende a
atender con nuevos formatos, con nuevas propuestas, a nuevos
sectores sociales, que son primera generación de estudiantes
en sus familias que acceden a estudios superiores. Otras líneas
de política se orientan a la inclusión con otro tipo de iniciativas,
como el desarrollo de tutorías a partir de los programas que
fomentan o apoyan la implementación de los planes de mejora
de la CONEAU, como pueden ser PROMEI para ingeniería u
otros que fomentan la creación de sistemas institucionales de
tutorías financiados con fondos públicos.

Claramente, hay una fuerte expansión de la Educación
Superior, hay políticas orientadas específicamente a este propósito; la tasa bruta de participación en Educación Superior,
en el marco de América Latina, realmente es alta, según los
datos de Ana García Fanelli[1] supera el 50%. En los últimos años,
esta tasa se va estabilizando o amesetando, pero es innegable
la incorporación de nuevos sectores. La pregunta es: ¿en qué

---

[1] García de Fanelli, A. (2014). "Inclusión social en la Educación Superior argentina: indicadores y políticas en torno al acceso y a la graduación". En: *Revista Páginas de educación*, Volumen 7. Número 2, pp.161-336.

medida esta idea de ampliar el acceso al nivel superior constituye una real democratización en términos de achicamiento de las brechas de desigualdad?

Considerando algunos datos bastante recientes que yo tomo de Ana García Fanelli, a partir del análisis del último Censo (2010) y de la EPH, y analizando la población de 18 a 30 años del grupo de los que asisten al sistema de la Educación Superior por quintil de ingreso, claramente vemos que los que se gradúan siguen siendo los sectores de más altos recursos.

En el trabajo de Ana Fanelli (2014) hay un gráfico muy significativo, que muestra que el grupo de los jóvenes de 18 a 30 años graduados en la Educación Superior está compuesto por el 36% del quintil 5 de ingresos, el 19% del quintil 4, y así el porcentaje por quintil disminuye para llegar a sólo el 10% del quintil 1.

Y esto, de alguna manera también vale la pena aclararlo, no implica adherir a algunos recientes estudios con impacto en la prensa sobre la ineficiencia de las universidades en términos de graduación. Me parece que el eje no está puesto en revivir consignas de los 90 en términos de deficiencia universitaria, sino en pensar cómo todo este esfuerzo que la Nación está haciendo para incluir a nuevos sectores, luego de 10 años, se puede plasmar en el derecho a obtener titulaciones de calidad.

Creo que hay un buen espacio para empezar a trabajar viendo qué es lo que está pasando, a nivel del sistema general, y a nivel de las instituciones, tanto de las tradicionales como de las nuevas, que han invertido mucho para posibilitar que estos sectores estén en la Educación Superior. En ese sentido, vale la pena preguntarnos: ¿quiénes están?; ¿quiénes terminan?, ¿en qué medida esa formación recibida se traduce en una graduación concreta, en una inserción en el mercado laboral y en la sociedad, de manera equivalente a la de otros grupos sociales?

El mismo gráfico de Ana Fanelli, visto al revés, muestra el abandono, la contracara de la graduación. Quienes más abandonan son los jóvenes de los quintiles de menores recursos. De los jóvenes de 18 a 30 años que abandonan sin graduarse, dentro del grupo de los que asistieron a la Educación Superior y ya no asisten, está representado el 50% de los jóvenes correspondientes al quintil 1, el 42% de los jóvenes del quintil 2, y sólo 20% de los jóvenes del quintil 5. Con lo cual, podría decirse que la selectividad no se resuelve con simples políticas de ingreso-acceso directo, prestaciones concretas, sino que algo más debería hacerse para poder completar la trayectoria de formación esperada.

La pregunta y el desafío en este tema son, entonces, en qué medida la inclusión se convierte en democratización, no sólo en términos de igualdad de oportunidades, de acceso o compensación, sino en términos de achicamiento de la brecha educativa entre diversos grupos sociales.

Interrogantes y desafíos sobre la profesión académica

El segundo tema es la profesión académica. Los años 90 se han caracterizado por el desarrollo de políticas orientadas a regular la profesión docente universitaria, conocida como la profesión académica, en la medida en que se desarrollan más tareas además que la de docencia. Muchos de los programas de aquella época hoy siguen, otros son nuevos.[2] Se ha desarrollado con mucho impulso una política de Ciencia y Tecnología, que, si bien no se limita a la universidad, claramente afecta a la universidad, en la medida en que los actores son los mismos, incluso aquellos que están incorporados al sistema del CONICET, por ejemplo, dado que la mayoría tiene lugar de trabajo en las universidades. El problema, en este caso, es que la política orienta conductas. Esa política revaloriza la investigación en actores que también hacen docencia; y focalizando en la investigación, esa política está en línea con los formatos de la

---

[2] El Fondo de Mejoramiento de la Calidad (FOMEC); el Programa de Incentivos a Docentes-Investigadores; el financiamiento de la investigación a partir de fondos competitivos de la Agencia Nacional de Promoción de la Ciencia y la Tecnología (ANPCyT); la política de asignación de becas doctorales y de carrera de investigador del CONICET, entre otras políticas.

investigación de las ciencias duras. Hay muchos estudios sobre estas características de la profesión académica, que muestran la doble pertenencia del docente investigador universitario respecto de su lealtad a la institución o lealtad a la disciplina, y cómo la tarea académica está en permanente tensión entre estos dos referentes. Ahora, la pregunta sería: la política pública ¿en qué medida resuelve o colabora en la resolución de ese tenso equilibrio, o fomenta uno más que el otro? Una investigación que llevamos adelante hasta hace poco nos da algunas posibles respuestas a este interrogante. La investigación[3] tenía como objetivo estudiar a los académicos y los cambios en la profesión en las últimas dos décadas. La variable que mostró mayores oscilaciones fue la de las generaciones. Identificamos tres grupos generacionales: los noveles, los intermedios y los consolidados. Entre otras preguntas, cuando se les preguntaba qué preferían, si la docencia o la investigación con una escala de cuatro opciones (sólo docencia; ambas con inclinación a la docencia; ambas, con inclinación a la investigación; sólo investigación) aparecía lo siguiente: que el 72% del grupo generacional más joven se inclinaba a las opciones vinculadas con la investigación, mientras que las generaciones más consolidadas se inclinaban, en casi un 60%, a las opciones de docencia. Es decir, que los docentes con más trayectoria, los que están culminando su carrera, se inclinan en sus preferencias por la docencia y los jóvenes, curiosamente, prefieren la investigación. Después, en un estudio más cualitativo, pudimos encontrar asociaciones entre esas preferencias y las políticas.[4] Los incentivos y exigencias de la política hacen que el académico termine siendo más evaluado como investigador que como docente. La pregunta es ¿qué perfil académico está generando las políticas? ¿Quiénes serán los futuros sostenedores del

---

3   PICT 2077-1809. *La profesión académica: hacia la construcción de un nuevo espacio de construcción de conocimiento.* Directora: Mónica Marquina. Sobre el proyecto pueden encontrarse resultados en Marquina, 2013.

4   Marquina, M. (2013). "¿Hay una Profesión Académica Argentina? Avances y reflexiones sobre un objeto en construcción". En *Revista Pensamiento Universitario* Año 15 No 15. Marzo. Buenos Aires. pp. 35-58.

funcionamiento de la universidad?, ¿es posible desde la política pública pensar en diferentes perfiles y no en uno solo, como es el que aparentemente se está conformando? La política y los sistemas de ciencia y la tecnología suponen un sujeto que es el investigador, pero no están considerando, o no atendiendo suficientemente, que ese sujeto forma parte de una universidad y que, además de investigar, tiene que hacer otras cosas, como enseñar, gobernar la universidad, gestionarla, hacer extensión. Se trata de entonces, como desafío, de entender cómo impactan estas políticas, orientadas hacia una sola función de la universidad en el sujeto y en la institución en la cual se inserta.

Interrogantes y desafíos sobre la evaluación

Por último, aquí se trató el tema de la evaluación de la calidad, tema que también nos remonta a los años 90, con la creación de la CONEAU, a partir de la Ley de Educación Superior, aunque hubo algunas acciones previas, impulsadas por el gobierno antes de la sanción de la norma. Esta política nos muestra esta idea de que no hay una política de arriba hacia abajo automática, sino que las políticas moldean conductas, y a la vez las conductas moldean las políticas. La CONEAU es un ejemplo de esto, dado que fue pensada de una manera, muy a la luz del modelo gerencial de los 90 y, a lo largo del tiempo, se ha adaptado, se ha encontrado un punto en el cual todos se encuentran más o menos conformes con la existencia de este sistema de evaluación. Nuestras investigaciones muestran que, como resultado de este proceso, luego de un fuerte aprendizaje institucional de la política de evaluación, tanto por parte de la CONEAU como de las instituciones, hoy estamos en presencia de procesos más ritualizados, más rutinizados, más burocratizados, que tienden a homogenizar, en base a modelos o formas únicas de concebir las carreras o las instituciones. Entonces, la pregunta es ¿cuál es el impacto en la gestión institucional de estas políticas? Ahí, vemos una tensión entre evaluar para controlar o para mejorar, y entre la simulación de las instituciones frente a la CONEAU y la posibilidad de cambio real. Respecto de este tema, estamos ante la necesidad de un cambio cualitativo en el sistema de evaluación de instituciones y carreras, que se oriente a lograr que el requisito externo sea a la vez parte de la gestión cotidiana y la planificación institucional.

Los desafíos y los interrogantes que nos propone este evento llegan en un muy buen momento para repensar estas tensiones, focalizando en el eje de la institución, o sea, tomar como objeto a la universidad. Se trata de pensar que no hay una institución, sino que hay muchas instituciones, hay muchos modelos institucionales, necesarios cada uno en sus contextos. En su ponencia, contaba Claudio Suasnábar, cuando hablaba de América Latina, acerca del impacto de esas políticas homogeneizadoras de los 90, acerca de modelos que son múltiples. Esto se ve aquí con el ingreso; hay distintos mecanismos de ingreso en el sistema universitario argentino, modelos institucionales que atienden a diferentes grupos sociales, con distintos tipos de organizaciones, con distintas vinculaciones con su medio, con distintas maneras de concebir la investigación y con distintas formas de vincularse con el mundo, con lo internacional.

Antes de comenzar este panel, hablábamos con Marcelo Tobin, sobre cómo lo internacional en las universidades del noroeste no es lo mismo que lo internacional en Buenos Aires o en otras regiones. Cada institución, a la vez, no tiene un único objetivo. La universidad, por su concepción de organización de base pesada, donde el poder está diseminado en diferentes actores, hace que no exista un único objetivo rector en el funcionamiento de la organización, como sí puede pasar en una empresa, donde hay una jerarquía con el poder en el vértice, una presidencia, desde donde se baja a las áreas un objetivo que puede ser la rentabilidad. En la universidad hay objetivos paralelos, que confluyen e incluso a veces se contradicen. Esta organización compleja representa un desafío para la política pública. La política pública, ¿qué aspecto de esa organización compleja va a reforzar? ¿Uno? ¿Todos? ¿Cómo se decide cuál? Creo que las políticas públicas del último tiempo, que han favorecido la expansión del sistema y la inclusión de nuevos sectores, quizás han descuidado esta idea de la diversidad institucional, de las distintas funciones de la universidad y de sus capacidades innovadoras diferenciadas en sus respectivos territorios.

No creo que haya una única forma de atender la inclusión, ni haya una única forma de concebir el ingreso a la universidad, como sostiene algún proyecto de ley que hoy propone levantar todo mecanismo de ingreso. Hay una variedad y riqueza de mecanismos, en el sistema universitario, pensados cada uno de ellos, justamente, en función de los sectores a los que atiende. Lo que creo es que las políticas, quizás sin proponérselo, tienden a conformar modelos universitarios únicos sobre algo que es muy diverso; y, a la vez, han colaborado a fragmentar a la institución, dadas sus características, con políticas dispersas: se fomenta una política de Ciencia y Tecnología, sin quererlo, descuidando la función de la docencia, o bien han reforzado, en esta doble pertenencia del académico, esta pertenencia más disciplinar que el compromiso con la formación.

Concluyendo

Para terminar, quizás sea el momento de pensar la política nacional universitaria, tomando como eje primordial a las instituciones, lo que no significa dejar que cada institución haga lo que quiera desde una idea de autonomía aislada. Estamos en un momento de pensar otra autonomía, a partir del planteo de objetivos de política nacional generales, definidos desde el Congreso periódicamente. A partir de allí, es el Ejecutivo el que deberá articular las políticas prioritarias nacionales, a partir de contratos con las instituciones, en los que se acuerda la puesta en marcha de planes institucionales de desarrollo integrales y únicos en cada caso, en función de las características de las instituciones, de su contexto territorial, de los sujetos que la forman, de sus misiones, de sus visiones. Y luego evaluar, a través del órgano pertinente, la aplicación de esos planes tanto a nivel del logro de sus propósitos institucionales como en términos de su colaboración con los objetivos de la política nacional. Así funciona en varios países de Europa. No son contratos-programa para una política particular. Son contratos integrales, que confluyen en intereses tanto nacionales como institucionales, y que se concretan en el desarrollo de un plan o proyecto institucional.

De esta manera, podemos, a la vez, tener instituciones integradas y no tironeadas por múltiples ventanillas, que refuerzan, de manera contradictoria, distintas funciones de la universidad y distintos intereses de distintos actores. Lograr la diversidad, bajo la concepción de la autonomía comprometida con los lineamientos de la política nacional, no es algo imposible. Éstas son algunas ideas que me han surgido a partir de lo que escuché aquí, las que intenté vincular con lo que venimos desarrollando en nuestras investigaciones.

Consideraciones sobre el proceso de internacionalización en las universidades argentinas

Marcelo Tobin

Desarrollaré mi exposición no como académico, sino como gestor de las relaciones internacionales universitarias, y desde dos lugares diferentes: el primero es el relacionado con el desarrollo del proceso de internacionalización hacia el interior de la universidad y el segundo es el que está vinculado a la relación de la universidad con el contexto internacional.

La universidad frontera adentro

En lo referido al proceso de internacionalización hacia el interior de la universidad, me interesaría señalar algunos aspectos, con los que me he encontrado a lo largo de más de veinte años de experiencia en gestión de las relaciones internacionales en Educación Superior.

En primer lugar, me referiré a la incorporación y utilización de algunos *"conceptos"*, y lo que pueden implicar a la hora de adoptarlos sin el análisis correspondiente. Un ejemplo de ello, es el concepto de *internacionalización*, al que se lo señala como el *instrumento* que poseen las universidades para oponerse a los efectos no deseados de la globalización. Este concepto reemplazó al de *cooperación internacional*, que prácticamente se ha dejado de utilizar. Deberíamos pensar y analizar cuáles son los significados y sus implicancias. Como en muchas otras disciplinas, estos conceptos se instalan a través de "usinas" de pensamiento, que derraman estas pequeñas "*gotas de moda*" que persiguen objetivos no siempre claros. Este tema, y otros relacionados con él, deberían ser objeto de mayores investigaciones y sus resultados tendrían que ser incorporados a la formación de los gestores de las relaciones internacionales universitarias.

En virtud de ello, y en relación con lo dicho, lo primero que deberíamos preguntarnos en una institución es por qué queremos internacionalizarnos (o cooperar), para qué y de qué manera. Muy a menudo, estas preguntas (salvo raras excepciones) no encuentran respuestas. Se avanza con actividades internacionales con esfuerzo y voluntad, pero con un alto grado de desconocimiento. Eso puede significar ir detrás de una "*oferta*", que no necesariamente comparte nuestros intereses y objetivos, sobre todo cuando proviene de países centrales, que puede estar asociada, por ejemplo, a la captación de talentos.

Por tal motivo, es importante pensar en construir un Proyecto o Plan Institucional, el que no debe confundirse con tener actividades internacionales.

En general, la mayoría de las instituciones no poseen un proyecto o plan de internacionalización o, en el caso de que lo tengan, tienen dificultades para llevarlo adelante. Una de las razones es que ello implica tomar decisiones y estas decisiones, por lo general afectan intereses, sean decisiones de los cuerpos colegiados o del ejecutivo. Sea cual fuere el ámbito, las fuerzas y los intereses políticos actúan como *vectores de igual dirección, pero de sentido contrario*, por lo que el proceso decisorio resulta muy engorroso.

De todas maneras, siempre existen posibilidades de avanzar y lograr que la internacionalización comience a ser parte de la cultura institucional. En virtud de ello, me gustaría plantear algunas cuestiones a tener en cuenta para diseñar un proyecto o plan de internacionalización.

En primer término, la comunicación. A menudo, trabajamos en espacios institucionales donde se toman decisiones, que, en mayor o menor medida, afectan algunas actividades de la universidad. De todas formas, resulta difícil lograr que esas decisiones, y la información que surge de ellas, alcancen a la mayor parte de los actores institucionales.

A mi entender, una de las causas radica en que, por un lado, falta el diseño de una *estrategia comunicacional* y, por otro, el mayor o menor grado de disociación que existe entre la Oficina de Relaciones Internacionales (ORI) y los distintos claustros, en especial el de los académicos. En general, escuchamos poco a los docentes-investigadores, que, de hecho, ya tienen una experiencia sumamente importante en cooperación internacional con pares extranjeros. Creo que ahí hay un punto importante desde la perspectiva del gestor. Es necesario tener en cuenta que no es posible desarrollar una política de internacionalización (o cualquier otra) sin un diálogo fluido entre la ORI y los destinatarios finales de esa política (docentes, estudiantes, no docentes, etc.). Para ello, deberíamos poder responder a preguntas, como: ¿por qué un investigador acudiría a la oficina de relaciones internacionales? ¿Qué apoyo se le brinda a ese investigador, estudiante o docente? ¿La gestión, le facilita el trabajo? Es muy probable que en muchas ORI estas preguntas no hallen respuestas.

Otro aspecto importante a destacar es la pertinencia del proyecto institucional. Éste es un punto que muchas veces se descuida, cuando se piensa en un esquema de internacionalización o de integración con otras regiones y/o universidades. Para pensar en un proyecto institucional que tenga pertinencia en una institución es necesario establecer un diagnóstico institucional, en términos de su historia, su cultura, la misión para la que fue creada, el contexto en el que se halla inserta, sus potencialidades y sus debilidades. A modo de ejemplo, podemos decir que no es lo mismo la Universidad Nacional de Misiones o la Universidad Nacional de Jujuy o la Universidad de Buenos Aires, cuando debemos pensar en la política internacional a implementar.

En relación a este tema, resulta de suma importancia la formación de recursos humanos en gestión de las relaciones internacionales universitarias. En su gran mayoría, las áreas de relaciones internacionales no están profesionalizadas. No hay una oferta de posgrado en *cooperación internacional universitaria*. Debemos brindar formación a quienes trabajan como gestores en las ORI, sobre todo a aquellos que permanecen en dichas áreas (personal técnico de planta). Este conocimiento permitirá tomar las mejores decisiones en función de las necesidades de cada institución.

Siguiendo con los puntos planteados anteriormente, quisiera abordar ahora dos aspectos también centrales en el campo de la gestión de los procesos de internacionalización, como son la investigación y la evaluación.

Con respecto al primero de ellos, es conocido que la gran mayoría de las oficinas de relaciones internacionales poseen una importante cantidad de información sistematizada, que es un recurso pocas veces utilizado a la hora de generar conocimiento. Un ejemplo de ello, es que existen pocos trabajos sobre el estado del arte en las universidades argentinas, en cualquier variable que se tome, como por ejemplo, las movilidades estudiantiles y docentes, los estudiantes extranjeros que realizan aprendizajes en las universidades argentinas, el impacto de los programas de movilidad y de becas, los estudios de posgrado en el extranjero, entre muchos otros.

Por último, la evaluación de las actividades, programas y proyectos. En general las universidades argentinas (al menos las de gestión pública) no evalúan las acciones que se llevan a delante en el plano internacional, trayendo como consecuencia el desconocimiento del rumbo seguido y el impacto de esa política.

La universidad frontera afuera

A la hora de pensar las relaciones con instituciones de distintas regiones del mundo, es necesario conocer los actores con los cuales se pretende interactuar, cuáles son sus intereses y objetivos y proceder en consecuencia.

Para ello y, teniendo en cuenta las premisas que hemos señalado anteriormente, es importante construir una base sólida en la ORI, con recursos humanos formados, con conocimientos sobre el contexto internacional y con capacidad para llevar adelante un plan que refleje la idiosincrasia institucional, que sea el resultado del mayor consenso posible con los actores involucrados y cuyas acciones beneficien a la mayoría.

Sólo de esta manera podemos pensar en desarrollar acciones de internacionalización que respeten los objetivos institucionales y que contribuyan a la mejora de todas las funciones sustantivas de la universidad.

La interacción con otras universidades en el contexto internacional debe ser el reflejo de esta política para que exista un beneficio mutuo y alcanzar una cooperación internacional más solidaria, teniendo en claro que la internacionalización no es un objetivo en sí mismo, sino que es un medio para mejorar la calidad académica. Es importante también coordinar y consensuar las políticas institucionales con las generadas por las áreas específicas de los gobiernos (SPU, Ministerio de Ciencia y Tecnología, etc.).

No quisiera terminar sin abordar el tema de la movilidad. Ésta ha sido la actividad internacional por excelencia. De todas maneras, la movilidad no puede ser un fin en sí misma, tiene que ser una parte del proyecto de internacionalización. En este marco, es imprescindible tener en cuenta que, en la gran mayoría de las instituciones, la movilidad de estudiantes y/o de docentes representa un porcentaje muy escaso del total de los mismos, por lo que el desafío es desarrollar otras acciones que permitan internacionalizar a la mayor parte de dichos docentes o estudiantes. Estrategias como la movilidad virtual, las visitas de estudio, lectores invitados, establecimiento de la semana internacional, trabajos *online*, etc., son sólo algunas alternativas que se pueden utilizar para avanzar en el proceso de internacionalización, más allá de la movilidad presencial.

También sería conveniente una mayor participación de los gobiernos en el desarrollo de políticas y en el financiamiento de las acciones que, en el campo de la integración, están llevando a cabo las universidades. Un ejemplo de ello es la Asociación de Consejos de Rectores de Universidades de Latinoamérica y el Caribe, que debería contar con el apoyo de los gobiernos de la región, si pretende consolidarse en el tiempo y convertirse en una Asociación que lidere el Espacio de Educación Superior de América Latina y el Caribe.

Éstos son algunos de los puntos que, de manera muy sucinta, yo quería dejarles para la reflexión.

Para culminar, y como desafío para el futuro, pondría en primer lugar la necesidad de pensar en una formación de posgrado específica para gestores de las relaciones internacionales universitarias a los efectos de que las oficinas de relaciones internacionales puedan tener un conocimiento más acabado y profundo sobre algunos de los temas aquí expuestos y que, a su vez, permita: desarrollar un buen plan institucional, con objetivos y metas claras, teniendo en cuenta las características de cada universidad, la realidad local y regional donde se halla inserta; una mayor interacción con los actores institucionales, en especial los docentes-investigadores, y plantearse seriamente un proceso de evaluación y de reformulación del proyecto, para que, una vez logrado esto, se deba repensar y recomenzar nuevamente todo el proceso.

Pensar la enseñanza en el nivel superior en clave regional

PAULA PROGRÉ

Voy a organizar esta presentación en torno a cuatro preguntas:

La primera: ¿cuáles son los sentidos de la Educación Superior, de las universidades, pero no sólo de ellas, sino de la Educación Superior en su conjunto, cuando intentamos repensarlas en clave regional?

La segunda, y tomando en cuenta los enormes avances realizados por la región, en términos de acceso y cobertura en la Educación Superior, se abre en varias preguntas, que son: ¿acceso o formación?; ¿acceso o permanencia con sentido dentro de las instituciones de Educación Superior?; ¿acceso o permanencia y egreso de manera que la universidad contribuya con su comunidad, con la región, con el país?

Asociado con esto, formulamos la tercera pregunta: ¿qué es lo que vale la pena enseñar en la Educación Superior y cómo lo enseñamos?

Finalmente, la cuarta pregunta es: ¿qué implica pensar y actuar en clave regional?

En base a esas cuatro preguntas, voy a orientar algunas de mis reflexiones. Finalmente, la cuarta, acerca de qué significa pensar y actuar en clave regional, es la que me va a habilitar poder contarles someramente de qué trata el Programa de Apoyo al Sector Educativo del MERCOSUR (PASEM), cumpliendo con la solicitud de las organizadoras de este encuentro.

La primera pregunta tiene que ver con pensar o repensar cuál es el sentido de las universidades y de la Educación Superior en su conjunto. Creo que vale la pena, cuando uno piensa en Educación Superior en clave regional, en clave MERCOSUR, en clave Latinoamericana, entender la variedad y diversidad de las instituciones de Educación Superior, que no son sólo las universidades. Entender ese complejo y, al mismo tiempo, potente mundo del campo de la Educación Superior de nuestros países es un desafío por sí mismo. Preguntarnos por el sentido de la Educación Superior, entendiendo que la Educación Superior está refundando sus mandatos, mandatos que han sido claramente de selección y de exclusión, y que hoy refundamos, asumiendo el mandato de garantizar el derecho de la educación, implica un profundo proceso de revisión de prácticas e imaginarios. No es algo menor poder entender esa transformación; Mónica Marquina hizo claramente una mirada de comparación de la perspectiva con la que se miró la Educación Superior en los 90, en un momento de fuertísima expansión, porque la expansión de la Educación Superior no es del 2000 para adelante. Pero la idea es en qué clave, con qué perspectiva, y más allá del paso de pensar de la equidad a la inclusión, entender que hay procesos controversiales, pugnas, confrontaciones implícitas y explícitas, cuando se intentan consolidar políticas de inclusión.

Lo que tenemos, hoy, en general, en MERCOSUR, también en la región de América Latina, en sentido más amplio, es que si hay algo en lo que discursivamente todos coincidimos es que la Educación Superior tiene el desafío de discutir su mandato fundacional, para efectivamente pensarse como espacio de garantía del derecho a la educación. Como espacio de garantía del derecho a la educación no porque sí, sino por una decisión política. Entender que el derecho a la educación es un derecho que habilita otros derechos, que es un derecho que constituye ciudadanía. Es en este sentido que básicamente hay una redefinición política de las instituciones de Educación Superior. Ahí, la pregunta que vale la pena formularse es: ¿cuáles son los criterios para pensar esta reformulación? Hace más de 15 años venimos hablando de los criterios de pertinencia y relevancia, sobre qué es lo que tiene sentido que pase adentro de las instituciones de Educación Superior, qué es lo significativo para que las comunidades se involucren en esos procesos.

La otra cuestión que se ha discutido ya en otras instancias de este encuentro consiste en ver en qué sentido proponemos la inclusión, en el reconocimiento de que hemos hecho enormes avances en términos de acceso a la Educación Superior. Todas las estadísticas muestran estos avances, pero la pregunta sería: ¿acceso o formación?; ¿acceso o permanencia con sentido dentro de las instituciones de Educación Superior?; ¿acceso, o permanencia y egreso de manera que esa universidad contribuya con su comunidad, con la región, con el país? El Dr. Roberto Domecq, rector fundador de la Universidad de General Sarmiento y actual rector fundador de la Universidad de Tierra del Fuego, siempre trae un ejemplo, suele decir:

> "Una universidad o una institución de Educación Superior, en realidad, se mide –sé que se habló bastante del tema de la evaluación y cómo medimos la calidad de las instituciones de Educación Superior–, preguntándose cuánto la comunidad acudió a la universidad para tratar de resolver algún problema y cuánto la universidad o la institución de Educación Superior fue capaz de contribuir a resolver ese problema en su comunidad."

Me parece que ahí está la clave para pensar qué significa la pertinencia y la relevancia de lo que sucede tanto en el ámbito de la investigación como de la formación.

Cuando pensamos en los procesos formativos dentro de las instituciones de Educación Superior, vemos que el acceso es importante, pero que no garantizamos la inclusión sólo con el acceso. Sé que la citaron a Ana María Ezcurra[1], que, en su trabajo, habla de la *"puerta giratoria"*, como metáfora para describir a la universidad como un espacio donde cada vez entra más gente, pero parece tener o ser una *"puerta giratoria"*, porque, básicamente, en el primer año de la universidad, muchos

---

[1] En su presentación "El desarrollo de la Educación Superior en América Latina en perspectiva comparada", el profesor Fernández Lamarra citó a Ezcurra, A M. (2011). *Igualdad en Educación Superior: un desafío mundial*, Los Polvorines: Universidad Nacional de General Sarmiento; Buenos Aires: IEC–CONADU. 1ra Ed.

de los que entendieron a ésta como una oportunidad, en realidad, quedan del lado de afuera. Yo diría que, más que una puerta giratoria, lo que la ilustra es una imagen bastante más dura, una puerta tras la cual hay una pared, una pared contra la cual muchos chocan, porque aparece como una pared infranqueable. La idea de puerta giratoria da una idea de dinámica, me parece que ni siquiera es eso lo que estamos logrando. Cuando uno jugaba, cuando era chico, en las oficinas públicas que tenían puertas giratorias en sus entradas, tenía la posibilidad de volver a entrar, jugábamos a ver si en la segunda vuelta nos quedábamos dentro... y, en general, lo que sucede efectivamente en las universidades es que más que una puerta giratoria, es una puerta como de utilería, porque, en realidad, la verdadera puerta está en la pared que está después de esa entrada, que es la más difícil de perforar.

Esto, a lo que nos obliga, es a repensar en los procesos formativos al interior de las instituciones formadoras; Mónica Marquina decía que hay mucho de la política, que, en realidad, estimula o pone la mirada sobre el proceso de la investigación en la universidad, yo por ahí, y porque uno de mis temas de preocupación y trabajo, fundamentalmente, tiene que ver con pensar la enseñanza en las instituciones de Educación Superior, soy un poco más optimista: haciendo un rastreo sobre esto, en los últimos 15 años, en América Latina en su conjunto, no sólo en la Argentina, veo que ha habido fuertes políticas de promoción de la reflexión o de la mejora de la enseñanza en la Educación Superior. También hay programas específicos, muchas veces ligados a los procesos de acreditación, como en el caso de nuestro país o a otro tipo de procesos, que de alguna manera promueven este replanteo. Incluso, hay una serie de procesos, que se han abierto, de formación, de maestrías, de especializaciones en formación de la Educación Superior, es decir, si uno mira el panorama de la investigación y de las acciones para la mejora de la enseñanza en la Educación Superior, éstas no son una novedad. No estamos descubriendo la pólvora si nos proponemos pensar efectivamente en una universidad o una institución de Educación Superior, capaz de garantizar el derecho a la educación y de formar a quienes se acercan.

En realidad, hay una serie de políticas que están apuntalando el sistema de Educación Superior, hay procesos al interior de las instituciones para mirar la enseñanza y los procesos formativos en Educación Superior. El problema ahí es que tenemos dos sencillas, pero muy profundas preguntas. La primera: ¿qué es lo que vale la pena enseñar en la Educación Superior?; la segunda es: ¿cómo lo enseñamos?

Ante la pregunta sobre qué es lo que vale la pena enseñar en la Educación Superior, en general, todas las universidades, inclusive las instituciones de Educación Superior, sean éstas de formación técnica o de formación docente, lo primero que piensan es en hacer reformas curriculares. En realidad, la reforma curricular debería ser lo último, lo que hacemos al final de pensar qué es lo que hay que enseñar en la universidad. Pero, en general, comenzamos por las reformas curriculares, y en esas reformas curriculares lo que menos se discute es qué es lo que hay que enseñar en la institución, porque todos sabemos que en estas reformas, fundamentalmente, se juegan espacios de poder, grupos de pertenencia, presupuestos, etc. Cuando discutimos los diseños curriculares de las carreras, generalmente, estamos discutiendo otra cosa. Estamos haciendo una discusión política de espacios de poder dentro de las instituciones.

Preguntarse seriamente qué es lo que realmente vale la pena enseñar, implica un desafío importante. Por mucho tiempo, las universidades pensaron que, para reflexionar sobre los diseños de su formación –y pasa lo mismo en el campo específico, en el que trabajo más fuertemente, que es el de la formación docente–, hay que recuperar cuáles son los saberes de referencia, qué es lo que tiene que saber y qué es lo que va a hacer aquél que se va a desempeñar en el campo profesional o en el campo académico para el cual estamos formando. El problema es que hoy mirar esos campos de referencia no alcanza, porque esos campos también están en proceso de transformación, con lo cual pensar qué es lo que hay que enseñar dentro de una universidad implica establecer una vinculación diferente con esos campos de referencia. No significa una relación de miradas "*aplicativas*", sino significa un trabajo permanente, que reestructura el sentido de la acción cotidiana de la universidad. Si yo me tengo que preguntar qué es lo que vale la pena enseñar, tengo que poder hacerlo también desde la investigación, y desde lo que llamamos, con esta mirada "*caritativa*" de la universidad, "extensión", digo "caritativa" de la universidad, porque el concepto de "extensión" trae consigo la imagen de algo que desciende, que se derrama desde la universidad hacia el afuera, deberíamos replantear el propio concepto de la "extensión", pero eso sería tema de otra conversación. Lo que me gustaría plantear es que, en realidad, uno no podría pensar y hacer Educación Superior, sin esta vinculación permanente con los campos para los que forma y con sus comunidades, ubicándonos en un lugar, donde la universidad no es la que "*transfiere*", sino la universidad es la que también aprende, para poder saber qué es lo que tiene que formar, esto sería, como acabo de señalar, tema de otra profunda conversación. Entonces, una discusión sería qué es lo que hay que formar, cómo hay que formar, cómo enseñar.

Si tomamos esta segunda dimensión acerca de cómo enseñar, la discusión más fuerte es pensar que un proceso formativo en la Educación Superior no implica solamente redefinir los contenidos de la formación, sino, básicamente, las experiencias que van a transitar nuestros estudiantes en la vida universitaria. Es en la clave de estas experiencias donde se implican mucho más los fenómenos de abandono, que en los contenidos específicos. Parecería que la dificultad no se concentra en transitar los contenidos que propone la Educación Superior, sino, en todo caso, deberíamos repensar el tipo de experiencias que proponemos, en ese proceso de relación con el conocimiento al interior de las universidades, para que, efectivamente, puedan garantizar ese derecho a la educación.

La cuarta pregunta es qué significa lo regional, la verdad es que me gustaría expresar una preocupación, en todo caso de empezar a animarnos a darnos cuenta que lo regional no es una cosa dada, no es que la región está ahí, no es que lo internacional está ahí, sino que es una construcción política. Como construcción política, va más allá de hacer simplemente una mirada comparada y ver en qué tenemos coincidencias y/o divergencias. Lo regional implica una construcción política, que, además, se tiene que traducir en acciones en lo que sucede al interior de las universidades: lo que ensañamos, lo que investigamos y qué tipo de experiencias propiciamos a la comunidad universitaria.

En ese sentido, ahora sí, voy a pasar el anuncio de qué es el PASEM. El PASEM, como Programa de Apoyo al Sistema Educativo del MERCOSUR, tiene un foco específico en la formación docente. Formación docente que en nuestros países se hace tanto en instituciones superiores de formación docente, como en el ámbito de las universidades, o sea, en el ámbito de la Educación Superior. Desde que asumimos la coordinación de este programa, que nació de un acuerdo entre los gobiernos de los cuatro países (Argentina, Brasil, Paraguay y Uruguay, los miembros plenos en el momento de la firma del Acuerdo), y que se propone colaborar con esta posibilidad de construir políticamente lo que llamamos "la región", entendimos que esta construcción se relacionaba con la posibilidad de consolidación de vínculos institucionales, vínculos a nivel de las instituciones de Educación Superior, que son responsables de la formación docente, pero también a nivel institucional de los cuerpos de gestores y de los funcionarios gestores de política. ¿Por qué esta doble vía?, porque sabemos que, en el caso de nuestros países, los actores políticos, quienes se desempeñan en distintos órganos de decisión política, tienen una movilidad y una transitoriedad que no tienen las instituciones de Educación Superior, cuyos cuerpos académicos son bastante más estables. Entonces, una de las estrategias que estamos desarrollando en el programa es, justamente, poder hacer una vinculación a nivel interinstitucional y a nivel de estos distintos estamentos que interactúan en la toma de decisiones. Justamente, porque lo regional es una construcción y, como construcción, no se puede prescribir lo que se ha de construir. La pregunta es cómo uno puede contribuir a ese proceso de construcción, que sólo puede generarse en la medida en que haya acciones concretas que lo sostengan y que se promueva sustentabilidad de esas acciones.

Para cumplir con el pedido de los organizadores de este encuentro y contarles del PASEM, les propongo ver una página web, mirándola verán que es muy fácil saber de qué se trata el PASEM: www.pasem.org. Allí, podrán ver el conjunto de acciones: estudios conjuntos; sistemas de pasantías; subvenciones a redes de instituciones; etc. Una serie de acciones que estamos intentando desarrollar, justamente, para promover esta construcción política, que ésta sea una construcción de los actores, de las acciones y no simplemente un acuerdo declarativo de los gobiernos.

Conceptos, dinámicas y prácticas de internacionalización universitaria

Esta reflexión apunta a las dinámicas y prácticas de una temática bien compleja: la internacionalización de la Educación Superior. Parto de señalar que, como sostienen Sheryl Bond, Jun Qian y Jinyan Huang en su estudio *The Role of Faculty in Internationalizing the Undergraduate Curriculum and Classroom Experience*[1], se ha prestado más atención a lo que la internacionalización es que a cómo se está desarrollando y funcionando.

Al empezar a dilucidar qué se entiende por internacionalización en diversos ámbitos relacionados con la Educación Superior, nos encontramos con sutiles distinciones, pero *a priori*, existe un *"consenso"* sobre los alcances del término y sobre su importancia como práctica cotidiana. Básicamente, se entiende como un fenómeno no enteramente novedoso, sino muy por el contrario, históricamente, ha sido parte de la enseñanza universitaria. Incluso, puede decirse que las universidades, desde su creación, guardan un componente internacional en su estructura, aunque no haya sido en sí mismo objeto de políticas ni de estudios específicos. El carácter internacional de la Educación Superior se manifestó desde la creación de las primeras universidades europeas: los cursos se dictaban en un idioma común que era el latín, los estudiantes provenían de diversas naciones, los profesores circulaban en el ámbito internacional.

---

[1] Bond, S. L., Qian, J., y Huang, J. (2003). *The role of faculty in internationalizing the undergraduate curriculum and classroom experience.* CBIE Research Millennium Series, Research Paper No. 8. Ottawa: Canadian Bureau for International Education (CBIE).

Sin embargo, la *internacionalización de la educación* tomó fuerza y amplió su alcance sólo en los últimos tiempos, situándose como una prioridad en las políticas de Educación Superior, y el interés por promover una política de internacionalización cobró prioridad, en hace apenas un par de décadas. Desde la visión de algunos autores, la explicación de esta impronta radica, en parte, bajo las coordenadas de la globalización, una globalización que es definida neutralmente y vista como "un factor ambiental clave, que tiene múltiples efectos –positivos y negativos– sobre la educación" (Knight, 2005:35).[2]

Sin embargo, en línea con Zarur, podemos reflexionar que la globalización, al igual que la mundialización, conlleva la idea de un proceso de conformación de un único mundo a escala planetaria, donde la eficacia individual y la competencia del mercado son los motores del progreso y del desarrollo, dejando en el camino a los no competitivos. Ambos conceptos se guían por la búsqueda de intereses de beneficio financiero o político propios, sin ninguna autocrítica, sobre las actuales pautas económicas y de distribución de la riqueza en nuestras sociedades, reforzando las situaciones de desigualdad, que excluyen y dejan sin oportunidades a la mayoría de las personas (2008:186).[3]

El debate teórico sobre la internacionalización estuvo concentrado en autores claramente vinculados a contextos no latinoamericanos. Y, más que intentos de una definición *"local"*, contamos con reformulaciones de la posición que constituye hoy el paradigma dominante, representado, entre otros, por los argumentos de Knigth. Por ejemplo, Gacel Ávila afirma que "La internacionalización a nivel nacional, sectorial, e

---

[2]   Knight, J. (2005). "Un modelo de Internacionalización: Respuesta a nuevas realidades y retos", en De Wit, H.; Jaramillo, I. Gacel-Avala, J. y Knight, J. (ed.) *Educación Superior en América Latina. La dimensión internacional.* Banco Mundial.

[3]   Zarur Miranda, X. (2008) "Integración regional e internacionalización de la Educación Superior en América Latina y el Caribe." En Gazzola, A. y Didriksson, A. (ed.): *Tendencias de la Educación Superior en América Latina y el Caribe.* Caracas: IESALC-UNESCO.

institucional representa el proceso de integrar una dimensión internacional, intercultural o global en las funciones y servicios de enseñanza postsecundaria" (2006:.57).[4]

Esta reformulación latinoamericana expresa un posicionamiento sobre el rol de la educación como un servicio. Es, en este ángulo, donde la definición se enfrenta a las críticas más duras, por mostrarse alineada al binomio: globalización-servicios educativos, situación que genera un profundo debate en muchas de las universidades de la nuestra región.

Detrás de estos matices conceptuales, aparece la pregunta de la Educación Superior como un bien público o un servicio transable.

Este eje traza y determina gran parte de las discusiones a nivel sistémico sobre la internacionalización de la Educación Superior. Ciertamente, existe otra mirada desde América Latina, que conceptual y políticamente, define la Educación Superior como bien público, no como un servicio, en términos de política pública.

En este punto, es bueno recordar que en la última Conferencia Mundial de Educación Superior, organizada por UNESCO, realizada en París a fines de 2009, se declaró a la enseñanza académica como un *"bien público".* La posición en bloque de América Latina y el Caribe fue la más firme y la que, finalmente, logró que se incorpore el concepto. Según Juan Carlos Tedesco, por entonces Ministro de Educación de Argentina, el planteo que proponían los países europeos y asiáticos, con una postura inclinada hacia la visión comercial, era imponer el concepto de *"servicio público".* No obstante, el bloque de América Latina y el Caribe empujó el debate para que finalmente figure como quedó: bien público.

Claramente, esto reflejó los acuerdos de la Conferencia Regional de Educación Superior (Cartagena de Indias, Colombia, 4-6 de Junio de 2008), donde se presentó el Documento Base CRES 2008 – Tendencias de la Educación Superior en

---

[4]   Gacel-Ávila, J. (2006) *La dimensión internacional de las universidades. Contexto, Procesos, Estrategias.* Guadalajara: Universidad de Guadalajara.

América Latina y el Caribe 6, y en su capítulo 6 "Integración Regional e Internacionalización de la Educación Superior" se retoman los conceptos de globalización e internacionalización, desde la perspectiva de América Latina. La globalización es definida, en dicho documento, como el fenómeno que se extiende a expensas de la diversidad y autonomía de los estados nacionales, de la identidad de las culturas y, sobre todo, de las necesidades humanas; con efectos económicos, sociales, geográficos y políticos, que innegablemente afectan a la educación.

Cabe recordar también que la Organización de las Naciones Unidas para la Educación, la Ciencia y la Cultura (UNESCO), a través de la Sede Regional del Instituto Internacional de Planeamiento de la Educación (IIPE/UNESCO Buenos Aires), publicó, en junio de 2007, el primer informe del Proyecto "La Educación Superior en Argentina: identificación de fortalezas y estrategias para su internacionalización en el MERCOSUR", en el cual se analizan los cambios que se han producido en los sistemas de Educación Superior tanto en Argentina como en Latinoamérica, tomando en consideración indicadores, tales como la variación en la matrícula, en la movilidad de alumnos, de docentes y de investigadores, y el aumento en la acreditación de las carreras. A su vez, los autores realizan un "esbozo de un panorama argentino de la Educación Superior", en el que se introducen en la historia de las instituciones de Educación Superior en el país. Por último, entre las conclusiones que presenta el informe –nuevos desarrollos en la Educación Superior, contribución de la Educación Superior al desarrollo, evolución de sistemas y estructuras de la Educación Superior–, se destaca el incipiente desarrollo de la internacionalización de la Educación Superior en la región: "En América Latina y el Caribe, la internacionalización está apenas en sus inicios, pero al igual que las tendencias constatadas en otras áreas de desarrollo, es posible que se incremente en el futuro, siempre y cuando se asegure no sólo un flujo unidireccional Norte-Sur de programas académicos, sino también a la inversa, así como una cooperación Sur-Sur" (2007, p. 46).

Inés González, Coordinadora del Programa de Desarrollo del Sector Educativo del MERCOSUR de la Dirección Nacional de Cooperación Internacional del Ministerio de Educación de la Nación, siempre nos recuerda que el mismo comenzó a partir de la primera reunión de Ministros de Educación, en el año 1991. Una de las particularidades del SEM es que, a pesar de ser desde su génesis un proyecto económico-comercial, se ha generado un espacio, donde se definieron como rasgos característicos la planificación y armonización entre los países de políticas nacionales, lo cual llevó a fijar una política regional que enfatizara en la educación como bien público. Éste es un posicionamiento claro en relación a la educación y a su internacionalización.

El MERCOSUR se creó casi *vis a vis* con el *North American Free Trade Agreement*; el inicio de la Comunidad Económica Europea creó la unión de carbón y acero, para gestionar sus industrias pesadas de forma común y así ninguno podía individualmente fabricar armas de guerra para utilizarlas contra el otro, la integración surge en este contexto y el Espacio Europeo de Educación Superior se inicia cuarenta años después de aquel hecho. Como sabemos, hoy, además de MERCOSUR, encontramos los espacios de UNASUR y CELAC para visualizar tendencias regionales y debates en la región.

Ése es el marco histórico contextual que, desde las universidades, no podemos dejar de mirar para nuestras acciones, porque somos un actor en estos espacios, al igual que los nacionales. De allí, también, que el trabajo cotidiano en una institución de Educación Superior, establecimiento que es parte de un sistema nacional compuesto por instituciones públicas y privadas, requiere de la construcción de políticas públicas en términos de internacionalización.

Es muy diferente pensar y ejecutar la política institucional de internacionalización en Argentina que en Australia. No es necesario reclutar a los holandeses o africanos para que paguen sus aranceles, o chinos e indios, que es lo que están haciendo las universidades americanas, o abriendo subsedes en distintos lugares. Esto es lo que pasa en el mundo de la internacionalización, y se denomina educación transnacional, transfronteriza, etc., que conlleva otro tipo de miradas conceptuales y políticas respecto a la dimensión internacional en las universidades.

Para la universidad en la cual me desempeño, es vital no desconocer estas tendencias globales para poder pensar las políticas de internacionalización para una universidad pública, enclavada en la zona metropolitana de Buenos Aires, que tiene aproximadamente dieciséis mil estudiantes, parte de los cuales en el nivel de grado y pregrado pertenecen a una primera generación de universitarios. Es una primera generación universitaria de docentes, de operarios de la fábrica, de profesionales que no han terminado su inserción universitaria, nosotros tenemos el deber de pensar una política de internacionalización y de cooperación internacional para ese tipo de alumno de grado.

¿Tenemos programas de movilidad en Universidad Nacional de San Martín, a la cual represento? Puedo decirles que sí. Nosotros pensamos y conceptualizamos la movilidad como un componente de la *"internacionalización en casa"*, en el campus; no tenemos "intercambio", no enviamos cinco a otra universidad para realizar un semestre y, por ende, somos anfitriones de cinco. Los tradicionales programas de intercambio no se ajustan ni a nuestra realidad ni a nuestras concepciones sobre la política internacional en la universidad. Tenemos un Programa Internacional de Movilidad Estudiantil (PIME), que otorga becas totales para los seleccionados; pero no podemos implementar políticas de reciprocidad, nuestros estudiantes en general estudian y trabajan. Algunos datos para que visualicemos el proceso y el trabajo colectivo: empezamos, en el 2008, recibiendo ocho estudiantes internacionales, hoy tenemos alrededor ciento cuarenta, de los cuales casi cien están en el grado, y esto nos permite que cada semestre las aulas estén internacionalizadas, que el personal no docente enfrente la cuestión intercultural e internacional, entonces es otra la mirada, no importan sólo los números, uno puede pensar la política no sólo de la sumatoria de alumnos internacionales.

Tal como mencionaba, a través del PIME, el programa de movilidad, permite a nuestros estudiantes tener su experiencia internacional, pero el número anualmente no es alto. Pero, en términos de política, lo relevante es acompañar a todos en el proceso de postulación, de búsqueda universidades dónde ir, ver qué posibilidades tengo de armar un acuerdo de estudios en diálogo con docentes y autoridades.

Pero también hay que generar y gestionar acciones específicas para un tipo de alumno de posgrado, que viene a cursar uno de nuestros trece doctorados calificados por A ó B, en la CONEAU, en astrofísica, biotecnología, física, química, entonces no podemos tener una acción, tenemos que tener múltiples, y tenemos que priorizarlas, y tenemos que tener muy claro el mapa de actores en el escenario de la internacionalización.

Sin olvidar la internacionalización de la Investigación, bregando para que la misma tenga impacto y calidad, según los parámetros externos, tratando de aumentar y diversificar las colaboraciones internacionales en I+D+I y, al mismo tiempo, responda a demandas específicas de la sociedad.

Éste es uno los desafíos, pensar dinámicas de internacionalización, enclavadas en el territorio, pensando, por ejemplo, en la basura, dentro del Partido de San Martín está el CEAMSE, y la verdad que también queremos que nuestros estudiantes internacionales conozcan eso, pero no como lo exótico ni lo distinto, sino como un objeto de estudio, porque, en definitiva, además de esta función, creemos que la función de la universidad es cambiar la sociedad y el territorio en el cual está inserta.

En qué nos apoyamos para llevar adelante nuestra tarea: teniendo en cuenta las posibilidades de las políticas públicas, primero de Argentina, nos hemos apoyado en un sinfín de convocatorias, de actores múltiples, de la Secretaría de Políticas Universitarias, de la Dirección Nacional de Cooperación Internacional, ambas del Ministerio de Educación, de la Dirección de Relaciones Internacionales del MINCYT y de las contrapartes extranjeras. Por ejemplo, con Francia, nuestro país ha sostenido una tradición de colaboración y se cumplen los cincuenta años de la firma del acuerdo bilateral, o con Brasil, a partir de CAPES-SPU, para los posgrados asociados.

Las oportunidades están, la clave es cómo uno se lo apropia y lo aprovecha. Ésa es nuestra mirada y está todo por hacer, o hay mucho por hacer, pero, además, hay mucho por hacer, porque el horizonte es infinito, lo cual eso hace que nuestro trabajo todos los días tenga una motivación diferente.

Por otra parte, desde la gestión en la universidad, y previamente de haber trabajado también durante casi diez años en la DNCI, percibo una gran fragmentación de espacios de política pública de Internacionalización y Cooperación, que puede tener que ver con distintas trayectorias de creación de organismos y otras razones, que hacen que se sostenga, por ejemplo, que Argentina no tiene un Programa Internacional de Becas, pero si uno juntara todos los programas de becas, lo denoto porque se dijo en otra mesa de este encuentro, y de financiamiento directo e indirecto para formación en el exterior, estamos, sin lugar a dudas, en el mismo número que Chile.

Y esto es una demanda, también, de poder posicionarnos en el escenario regional. Por eso, el desarrollo de una política de internacionalización *multidimensional, comprehensiva e inclusiva* de la Universidad Nacional de San Martín representa hoy uno de los ejes estratégicos que orientan la política institucional y compromete a la universidad con los desafíos actuales de la Educación Superior.

Algunos desafíos para una reforma democrática de la Educación Superior en América Latina

Yamile Socolovsky

En esta presentación, se asume la cuestión planteada desde la perspectiva del programa sindical, que ha orientado, en los últimos años, la actividad de la Federación Nacional de Docentes Universitaria, en el marco de la cual se ha desarrollado la propuesta del Instituto de Estudios y Capacitación. El IEC-CONADU lleva a cabo tareas de investigación, de formación y de promoción del debate público, a través de actividades de diversa índole, y mediante un programa de publicaciones, con el propósito de dar apoyo al proyecto de desarrollo de un sindicalismo que intenta trascender la dimensión corporativa de la demanda por las mejoras de las condiciones de trabajo, para colocar estas cuestiones en el plano más general de la discusión de la política universitaria, de la política educativa, y también del análisis de la situación política y las perspectivas de profundización del proceso democrático en nuestro país y en la región.

Hecha esta aclaración, quisiera compartir algunas reflexiones desde la mirada construida en el debate de los sindicatos, que entiendo es complementaria de muchas de las cuestiones que se han planteado previamente. Es sumamente interesante volver a comprobar que hay una innumerable cantidad de foros, donde actualmente están apareciendo, en primera línea, de manera significativamente recurrente, algunas preocupaciones que compartimos: de manera destacada, cuestiones ligadas a las políticas de inclusión universitaria y al debate sobre las formas de vinculación de la universidad con el mundo no académico. Esas preocupaciones y ese debate no son, de ningún modo, exclusivamente nacionales. Forman parte, también, de una agenda regional, que los sindicatos de trabajadores y trabajadoras de la educación están impulsando con mucha determinación en esta etapa. Particularmente, en el marco Internacional de la Educación para América Latina, la sección regional de la Federación Mundial, que reúne a los sindicatos del sector educativo, y de la que forman parte, en nuestro país, CONADU, CTERA (Confederación de Trabajadores de la Educación de la República Argentina) y la CEA (Confederación de Educadores de la Argentina), se viene construyendo, desde hace algunos años, la propuesta de desarrollo de un Movimiento Pedagógico Latinoamericano, que intenta constituirse como un marco para la instalación y ampliación del debate sobre las políticas públicas relativas a la educación en todos sus niveles.

La propuesta del Movimiento Pedagógico Latinoamericano plantea, básicamente, la preocupación por la ausencia de desarrollo de una propuesta integral de política educativa, que pueda erigirse de manera consistente como una clara alternativa a la concepción neoliberal, que, a nivel regional, ha penetrado muy profundamente en la visión de los problemas educativos, y que limita la posibilidad de concebir soluciones bajo una perspectiva sustantivamente diferente. Asume, además, la necesidad de que los sindicatos intervengan en la discusión y en la elaboración de propuestas de política educativa, reivindicando el papel de trabajadores y trabajadoras en la construcción de una política pública democrática y efectivamente arraigada en la realidad que se pretende transformar. Es preciso advertir que, incluso en aquellos países en los que –como en Argentina– se desarrollan procesos políticos que avanzan en el sentido de la recuperación de derechos, de la recuperación de lo público, y de una reafirmación del rol del Estado como garante de esa progresiva ampliación de los espacios de igualdad en nuestra sociedad –recuperación que ha conllevado también un notable fortalecimiento de los sistemas de educación pública–, siguen vigentes muchas concepciones y continúan en acción ciertos dispositivos, que tributan a aquel proyecto que imperó en la década del 90. A pesar de lo mucho que hemos avanzado en la construcción gradual de un nuevo sentido común democrático y popular, en no pocas naciones de Latinoamérica, es de vital importancia reconocer que el neoliberalismo no acaba de morir. Entendemos que para poder consolidar ese rumbo de cambios aún se requiere identificar cuáles son y cómo operan los dispositivos que reproducen aquella perspectiva ideológica, así como poner en discusión y deconstruir las categorías que proceden de ese marco, y que aún organizan el pensamiento y la acción de sectores importantes de la ciudadanía en nuestros países. Necesitamos poner en consideración una propuesta alternativa, que integre los avances logrados en esta etapa, bajo una concepción general, capaz de otorgar potencia política a un proyecto educativo emancipatorio.

En este marco, y específicamente en el ámbito de la Educación Superior, hemos avanzado con los demás sindicatos universitarios que conforman este espacio, en un diagnóstico común de la situación de América Latina y el Caribe, y en el intento de configurar una agenda sindical para la región. Partiendo de la comprobación de un dato conocido, que es la enorme diversidad que caracteriza a los sistemas de Educación Superior en nuestro continente, verificamos, de todos modos, que hay tendencias y problemáticas que son comunes, y que nos permiten intentar definir, conjuntamente, una estrategia de intervención para la transformación democrática de las universidades, de los sistemas educativos, y de los espacios de producción de conocimiento que se organizan institucionalmente en nuestros países.

Esta diversidad de situaciones en América Latina también remite a la diversidad de escenarios políticos. En este sentido, en algunos países, el desarrollo de una propuesta alternativa implica, para los sindicatos, una estrategia de lucha, en el marco de procesos políticos que resultan desfavorables para la educación pública y para la construcción de un sentido democrático de la educación. En otros países, en cambio, se trata de una herramienta que permite realizar aportes a la construcción conjunta de la política pública, en escenarios de diálogo no exentos de contradicciones, pero en el trato con gobiernos que han generado situaciones de apertura a estas preocupaciones. Como el caso de Argentina, en el caso de Brasil, y en otros países, el mundo sindical siempre tiene contradicciones, y no tiene por qué no tenerlas, con los espacios gubernamentales. Pero en nuestro caso, como se planteaba en las exposiciones precedentes, tenemos un balance altamente positivo de lo que se ha desarrollado en materia de política educativa y política de Educación Superior en nuestro país. En otros países ocurre lo mismo y, sin embargo, no dejamos de advertir que hay –incluso a partir de la resolución de viejas deudas, o, precisamente, por ello– nuevas tareas, y nuevos desafíos, que nos obligan a afinar la letra de nuestros mismos planteos, incluso de los planteos que se hacen desde el sindicato.

Esta agenda, que empezamos a definir en el ámbito latinoamericano y en el marco de la propuesta del Movimiento Pedagógico, acompaña, en buena medida, lo que estamos planteando en Argentina. Partimos de la base, por un lado, de la reafirmación de la idea de que la Educación Superior es un derecho humano fundamental, y de la novedad del consenso construido en torno a este principio. Por otra parte, suscribimos la convicción de que la producción del conocimiento en nuestras universidades cumple un rol decisivo en las perspectivas de desarrollo, transformación y mejoramiento de las condiciones de vida que nuestras sociedades ofrecen a su población. Ésos son los dos ejes fundamentales a partir de los cuales pensamos cuáles son las tareas de reforma pendientes en el campo de la Educación Superior, comprendiendo que la impronta de las lógicas que se desarrollaron y se fortalecieron en las universidades, sobre todo en la década del 90, sigue vigente, y donde todavía, a pesar de que se han producido muchas transformaciones significativas, persiste y actúa un conjunto de dispositivos reproductores de una cultura académica, que, en buena medida, es refractaria al avance en estos procesos de transformación.

La idea de que la educación es un derecho, también en el nivel superior, es, sin dudas, una noción potente, y su afirmación ya recurrente en diversos ámbitos y declaraciones a nivel regional –el más citado de ellos, la Declaración de la Conferencia Regional de Educación Superior, realizada por la UNESCO, en Cartagena de Indias, Colombia, en el año 2008– da cuenta de un nuevo consenso regional, que coloca todos los términos del debate sobre la política educativa en un plano muy diferente del que había establecido en la década del 90 el Consenso de Washington. Aun a sabiendas de la distancia que separa este tipo de declaraciones y la práctica concreta de los Estados que llegan a suscribirlas, y sin desconocer el riesgo de tomar la corrección política establecida como parámetro de las auténticas intenciones de los responsables de las políticas públicas e institucionales, es importante notar que sostener el concepto de derecho (frente a la globalmente extendida noción de la educación como un *"servicio"*, que podría ser provisto por actores públicos o privados, y que puede pretenderse distribuido a través de mecanismos de mercado) supone una correlativa responsabilidad de los Estados como garantes de su universalidad. Como señalábamos, la declaración no conlleva efectos prácticos inmediatos, pero legitima un debate político diferente y, en nuestra perspectiva, auspicioso.

En cuanto a nuestro segundo principio, la producción de conocimiento ha sido, desde hace ya varias décadas, un tema de rigor en los análisis sobre la dependencia, que somete a los países periféricos a una posición subalterna, en la configuración global del poder relativo de las naciones, y, sobre todo, que limita sus posibilidades de desarrollo soberano de las estrategias que requeriría la resolución de los problemas que afectan a sus poblaciones. En esa perspectiva, la cuestión de la sujeción de la producción de conocimiento en nuestros países a las agendas y formas de organización y legitimación de la actividad científica, impuestas por los centros hegemónicos en el sistema académico mundial, recobra actualidad, a partir de la necesidad de contar con capacidades profesionales y conocimientos adecuados a las prioridades que establece una oportunidad históricamente inédita de proyectar un nuevo modelo de desarrollo para la región. La expectativa de encontrar respuestas pertinentes y originales para afrontar problemas ligados a las limitaciones de la estructura productiva tanto como a dificultades de diversa índole, que signan la vida de la mayoría de la población, razonablemente, se dirige a las universidades y centros académicos, en los que se lleva a cabo la mayor parte de la investigación en nuestros países. En este aspecto, también, es urgente examinar las dinámicas establecidas, y profundizar la capacidad de las políticas destinadas a estimular la producción científica para asegurar que la inversión de recursos que se aplican a estas actividades redunda efectivamente en un beneficio para el conjunto de la sociedad y responden a objetivos democráticamente definidos como relevantes.

¿Cómo es que estas cuestiones nos permiten organizar una crítica general sobre la situación de la Educación Superior y, al mismo tiempo, comenzar a esbozar una agenda programática? En primer término, la decisión de poner en el centro la idea de la Educación Superior como derecho nos obliga a hacer un cambio de perspectiva sobre toda la problemática que se plantea a partir de la cuestión del desgranamiento estudiantil en nuestras universidades. El desafío de la inclusión se configura de una manera particular, y particularmente exigente, en nuestro país, en virtud de características muy peculiares, que son distintivas de nuestra universidad, en la región y en el mundo, y que ya configuran un rasgo de identidad, que se ha afianzado históricamente: la gratuidad, el libre acceso y la preeminencia del sistema público. Distinta es la situación en países como Brasil, donde la configuración del sistema es totalmente inversa, y donde la preocupación por generar políticas de inclusión universitaria obliga a desarrollar otro tipo de estrategias. Sin embargo, en buena medida, el problema de fondo es el mismo, si vamos a asumir que la Educación Superior es un derecho, o que la educación es un derecho también en el nivel superior. Por lo tanto, las dimensiones de igualdad de condiciones y de universalidad tienen que estar presentes también en ese nivel educativo, y se trata de un derecho que los Estados, las instituciones, los y las docentes tenemos el deber de garantizar. Tenemos que empezar a pensarnos como agentes garantes de un derecho, lo cual obliga a revisar buena parte de las dinámicas que configuran en la actualidad el mundo académico. Entrando por esta puerta que nos ofrece la discusión de la novedad de esta instalación de la idea del derecho a la Educación Superior, empezamos a discutir, desde otro lugar, estas problemáticas. Asumirnos como garantes de un derecho, supone no sólo un "deber de crítica" sobre nuestras prácticas, aquéllas que promovemos y aquéllas que consentimos, sino una responsabilidad: empezar a entender que el problema de que haya estudiantes que quieren y no pueden formarse en nuestras universidades es, ante todo, un problema nuestro, que exige, además de un ineludible compromiso individual, un posicionamiento político y el involucramiento en una práctica colectiva de transformación.

Tenemos que empezar a pensar qué pasa con la docencia en la universidad: la cuestión de la fuerte desvalorización de la tarea de enseñanza en nuestras universidades, de la desvalorización de la enseñanza frente a la investigación, y de la tarea en el grado frente a los niveles del posgrado. En este punto, es revelador analizar cómo operan los dispositivos de evaluación de las tareas que proponemos, intencionadamente, conceptualizar como "*trabajo académico*." Valga la digresión para señalar que, desde nuestro punto de vista, es preciso reconocer que la actividad que se lleva a cabo en nuestras universidades, con sus particularidades y sus condiciones especiales de desarrollo, es una modalidad del trabajo. No sólo a los efectos de facilitar su –históricamente ardua– inscripción gremial, sino, fundamentalmente, porque esta forma de entender nuestra práctica nos permite atender un conjunto de dimensiones políticamente relevantes. El trabajo académico es considerado como una actividad que constituiría una forma de autorrealización, pero también, como toda forma de trabajo en la sociedad actual, está determinado por condiciones que configuran modos de la alienación. La autonomía, tan altamente valorada en nuestra cultura académica, exige, en efecto, la crítica de las propias condiciones de desarrollo de sus prácticas. En segundo lugar, concebir esta actividad como un trabajo es un paso necesario para comprender la particular forma de inscripción de esa crítica en un programa sindical, que no sólo resulte efectivo para impulsar transformaciones necesarias para asegurar condiciones adecuadas para su ejercicio (en la fórmula general de la reivindicación de "*trabajo digno*"), sino que también pueda vincular el sentido de esa tarea con una perspectiva general de clase.

Retomando, entonces, uno de los aspectos centrales de esa crítica, y algunos de los temas que nos plantea como parte de una agenda de reformas: es preciso considerar cómo podemos definir nuevos mecanismos de validación y de valoración del trabajo académico, de modo tal que nos permita superar la escisión producida entre las llamadas funciones tradicionales de la universidad (docencia, investigación y extensión), pensar la docencia bajo un concepto más integral, que nos permita reconocer que en la enseñanza hay producción de conocimiento, y que en la enseñanza tanto como en la investigación se establecen vínculos que es preciso identificar y valorar como factores determinantes en su orientación y sus resultados. Tenemos que poder imaginar y desarrollar, de algún modo, los dispositivos para que ese conocimiento producido en la enseñanza –sobre todo ahí donde están los desafíos más grandes, sobre todo en los primeros años de las carreras, donde está la primera línea de la batalla por la inclusión– sea sistematizado, reconocido, difundido, y devuelto como un aporte de las universidades a la suma de los saberes que circulan en nuestra sociedad, y, especialmente, al conjunto del sistema educativo. Hay que hacer un esfuerzo, en este cambio de perspectiva, para pensar a la universidad como parte del sistema educativo, y para considerar cómo la universidad podría estar haciendo un aporte efectivo al abordaje de las problemáticas que se desarrollan en otros niveles. Pero, para poder hacer eso, es imprescindible que la docencia universitaria sea asumida primero ella misma como un problema y, por lo tanto, como un tema de investigación de primer orden. Cuando entendemos que los estudiantes no sólo tienen derecho a convertirse en estudiantes universitarios, sino que apostamos, además, a que logren desarrollar una trayectoria formativa enriquecedora, que les permita integrarse activa, crítica y creativamente en la sociedad, aparecen nuevos problemas, nuevos desafíos. Nuestra universidad no se ha ocupado adecuadamente de desarrollar una pedagogía universitaria, y ello es significativo, porque esta *"vacancia"* expresa la dificultad de asumir un problema que la universidad tiene que poder pensar con el conjunto del sistema. Es necesario ver el problema, incorporarlo de manera prioritaria como tema de investigación, valorar los –aún insuficientes– aportes realizados por algunos equipos, reconocer y sistematizar las experiencias de innovación desarrolladas de manera aislada en la práctica docente, y promover un esfuerzo de reflexión teórica, que permita hacer de ellas un punto de partida para una mejor comprensión de la relación pedagógica en la universidad.

Al mismo tiempo, no es posible realizar la crítica de la enseñanza universitaria sin una crítica de las condiciones concretas en las que se efectúa la tarea docente. Asegurar el derecho a la educación, en su sentido más pleno, requiere, también, asegurar las mejores condiciones para el trabajo académico. En este aspecto, indudablemente, en estos años hemos dado pasos muy importantes: la recuperación del poder adquisitivo del salario, la Ley de jubilaciones, el avance hacia la vigencia de nuestro primer convenio colectivo de trabajo, y, con él, de las posibilidades de que la carrera docente y la garantía de estabilidad se implementen en todo el sistema. Sin embargo, numerosos factores se alzan, aún, como obstáculos para la democratización de la universidad: la proliferación de dedicaciones simples, sobre todo, en los primeros años de las carreras; la falta de garantías para la formación de posgrado, como parte de un proceso de perfeccionamiento necesario para el mejor desempeño de las tareas asignadas; la falta de estabilidad que suponen los interinatos y los mecanismos altamente competitivos e individualistas para la promoción en la carrera; la falta de criterios de evaluación adecuados para juzgar la integralidad de la actividad; la organización del trabajo en estructuras rígidas y centralizadas, que dificultan el desarrollo cooperativo de las tareas, y someten a quienes ocupan posiciones subalternas a las más diversas formas de maltrato y abuso, normalmente invisibilizadas, tras el velo de las tradiciones meritocráticas, etc.

Modificar esas condiciones requiere profundizar nuestra vocación transformadora y llevar el debate al territorio universitario, involucrando a todos los sectores que se sienten convocados por el desafío democrático. Porque la superación de estos obstáculos indica el camino de una transformación profunda, que no será posible si no contamos con una amplia voluntad colectiva, dentro y fuera de la universidad, comprometida con la aspiración a producir una nueva Reforma Universitaria, acorde con el tiempo histórico que nos toca protagonizar. Para comenzar a andar ese camino, es fundamental discutir el sentido de nuestra actividad: lograr identificar cuáles son los aspectos en donde tenemos que producir nuevas transformaciones, para que lo que hemos logrado en estos años efectivamente constituya el punto de partida para la construcción de una universidad más democrática, más comprometida con la democratización general de nuestra sociedad, y más consciente de que el camino de la emancipación de nuestro pueblo se inscribe, indefectiblemente, en el horizonte de la América Latina.

Preguntas del público y comentarios del panel

Público: Quiero hacer un comentario que tiene que ver con lo internacional, porque allí hay mucha contradicción, yo lo suelo pensar más como un proceso de construcción a la latinoamericana, pero pensándolo con alcance, una utopía europea. Me parece que es complicado, porque faltan dos recursos importantes, que son sesión y soberanía por parte de los Estados. Ninguno quiere adecuar su normativa a una normativa europea, en realidad las dinámicas nacionales se resisten. No hay voluntad de sesión, de soberanía, tampoco hay recursos. Lo que avanza a nivel regional tiene mucho que ver con financiamientos de afuera. Entonces, lo internacional o lo regional, lo pensaría como una construcción y como un proceso que puede modificar dinámicas nacionales, romper *lobbies*, como romper un estado de cosas, en un ambiente o en un momento donde surgen ideas y debates sobre el para qué de las universidades, el hacia dónde van las universidades o cómo se pueden vincular con lo nacional, con las necesidades de los pueblos. Eso es lo que hace de lo internacional y lo regional un motor que podría llegar a modificar este confuso estado de cosas, con actores de la sociedad civil, en el sentido no gubernamental, que están como abroquelados.

Cada universidad tiene un discurso para compartir, pero después se queda congelada sin querer modificar mucho, y con un Estado que tiene dinero, pero también tiene lógicas muy variadas. Para mí, lo regional podría llegar a romper estas dinámicas nacionales, lo regional pensado como un cambio de posicionamientos, una ruptura de un actor universitario, que, en general, piensa menos en su vinculación con lo nacional o con lo local y más como un actor político que tiene que definir política. Nosotros, como universidad, como docentes, deberíamos empezar por replantear nuestro rol, como actores que tenemos que mirar un poco más hacia la sociedad donde trabajamos y para quiénes lo hacemos. Me parece que es una contradicción que la veo muy presente en todas las mesas: la idea de que hay que cambiar, de seguir haciendo *lobby* para nuestros intereses o vincularnos más con la sociedad de la cual somos parte.

Público: Con respecto a la Unión Europea, quería hacer un comentario, todos sabemos de la Primera y Segunda Guerras Mundiales, que Alemania quiso expandirse, y el plan Marshall, que ayudó a que la Unión Europea se consolidara, porque enfrentaba al bloque soviético del otro lado. Hubo un constructivismo que partió de una base realista, que fue el interés económico de cada país, y eso se transformó en una institución neo funcionalista supranacional, donde está la Unión Europea. Aun así, eso es un disfraz, porque esconde que, por ejemplo, Alemania siempre quiso dominar, y lo está haciendo desde su forma, con su moneda, provocando deflación en España y Grecia. Es un disfraz. La Unión Europea le sirve a Alemania, pero no a los demás países, y, de esa misma forma, ustedes quieren hacer lo mismo con el MERCOSUR en Latinoamérica: ¿cuánto le conviene a Argentina que Brasil introduzca todos sus productos acá? o ¿cuánto le conviene a Brasil que, dentro del mismo BRICS, China lo esté bombardeando con sus productos? Eso es lo que considero un disfraz.

Público: Soy del país Vasco, docente y director de Relaciones Internacionales en la Universidad Metropolitana de Ecuador. Le doy las gracias a toda la mesa, a todos los que hacéis internacionalizar el conocimiento y gestionar el proyecto, porque es un proyecto político y se trata de crear sujetos políticos para la transformación social. Éste es un avance en esta pantalla grande de Bolívar y de San Martín, yo valoro mucho esto. Por un lado, en Ecuador me enfrento todos los días con todo el dinero que está invirtiendo el gobierno de Rafael Correa, por un lado, esas ansias de internacionalizar el conocimiento y compartirlo, según la Constitución boliviana nosotros nos regimos por suma causa, en quichua es "*el plan del buen vivir*" y es un gusto siempre estar aquí en Latinoamérica y seguir aprendiendo de nuestras raíces. Por otro lado, los desafíos a los que nos enfrentamos en Ecuador y en la región. Yo estoy volviéndome loco para hacer contacto con universidades, para hacer contacto con gente, porque mi claustro tiene muchas ganas de salir fuera. Cuando llegué al colegio, me dijeron: "tú te vas a Argentina sin que nosotros te financiemos nada", yo les dije "señores, esto es una vocación". No se puede concebir al gestor de internacionalización, solamente gestor, tiene que ser docente, yo cumplo las instrucciones y entiendo muy bien esas perspectivas de la docencia, de formar parte de ese tenso mundo académico, y a la vez formar parte de la comunidad internacional. En ese sentido, es increíble cómo la gente está tomando el rol educativo en Ecuador y está creciendo. Yo les quiero transmitir esta imagen de Ecuador a la Argentina y darles de nuevo las gracias por invitarme a esta conferencia, es un gusto de nuevo estar en casa.

Público: Yo hice un estudio de Cooperación Internacional para el Desarrollo y mi proyecto fue revisar cuáles son los instrumentos, cuáles podrían ser las políticas y las políticas estructurales, cuáles serían los convenios que se puedan articular, el esquema institucional para poder crear mejores métodos y buenas relaciones para que se puedan internacionalizar mutuamente las universidades, desde el nivel superior, para hacer nichos, que se puedan internacionalizar y, bueno, enfocarse a alguna estructura, un enfoque específico.

Panel

Mgr. Pattacini: Con relación a los tres comentarios, claramente José, tu perspectiva me parece válida, pusiste en un discurso un bagaje de las relaciones internacionales para analizar un caso que puede tener múltiples miradas, creo que la colega española, de apellido Sevilla, puso un poco de pimienta a este debate, lo que quiero denotar es que la universidad no está fuera del contexto en el cual se desarrolla, y ése creo que es el mensaje. Después, las miradas pueden ser múltiples, pero para poder pensar política y acción, desde una universidad, no la podemos descontextualizar. Nosotros para trabajar con España, con Unión Europea, tenemos que entender el proceso de Bolonia, no podemos desconocerlo, por eso digo que la Unión Europea existe, en esos términos. En el País Vasco, hay dos cosas que me sirven de ejemplo para seguir polemizando. Ecuador ha propiciado una política de cambio de Educación Superior importante, vinculada a la acreditación de las universidades, hubo cierre de universidades, hubo calificación de universidades, y la mezcla de nuestra secretaría de políticas universitarias SUP y CONEAU se llama SENESCYT (Secretaría de Educación Superior, Ciencia y Tecnología) de Ecuador, que tiene una lista, en la cual la mayoría del sistema argentino no está, con lo cual hay una fuerte contradicción, ¿en qué sentido?, Argentina ha apoyado fuertemente, en términos de política pública y asistencia técnica, la conformación del área de acreditación, pero a la hora de cooperar o de poner el financiamiento para nuestras universidades, el destino primero es Europa. A mí me mandan el listado de las cosas que yo tengo que cumplir como universidad para estar en el listado, yo llamé a la SUP y les dije: "acá tenemos que estar como sistema", porque entiendo que tiene que haber una política pública regional, porque, además, si uno indaga qué hay detrás de esa lista, ve una conceptualización de las dinámicas de internacionalización, que la verdad yo quiero discutir en América Latina, la embajada de Ecuador, pidiéndome asistencia técnica para conformación de las políticas de educación en contextos de encierro, la politécnica nacional de Ecuador, que quiere mandar doctorados en Tecnología Nuclear, entonces, ahí también aparece lo disruptivo entre políticas institucionales y política pública, y un discurso a nivel regional que está en contradicción, con lo cual nosotros, desde la gestión, tenemos que tener un armado, un *staff*, que pueda estar, porque a mí me llama la directora del doctorado en tecnología nuclear y me dice: "tengo ecuatorianos que quieren venir, ¿tendrán dinero para venir hacer el doctorado?, ¿más de lo que tienen de cualquier país europeo?" Después me llaman de Ecuador, y me dicen: "quiero tus docentes, les pago $3.000 dólares", claro, necesitan nuestros docentes, porque tienen que doctorar a todos sus docentes de acá al 2016. Tuve la oportunidad de estar en octubre en la universidad donde estuvo Correa, y esto es una anécdota pero que hace a la microsociología, Correa le pregunta al rector de la Universidad Católica de Guayaquil por un docente, dice: "me marcó la vida" y el rector le contesta: "ese rector lo tengo que jubilar porque no tiene doctorado". Entonces, con estas anécdotas lo que trato de plasmar son dinámicas sistémicas, dinámicas regionales y nacionales, institucionales, que atraviesan las acciones de internacionalización y cooperación internacional, y, en definitiva, detrás de todo esto hay personas.

La variable individual no es una variable menor, la persona que dirige el área de cooperación científico tecnológica en Argentina, hace veinte años está, y uno pensaría que debía haber cambiado, porque las dinámicas políticas de nuestro país y los símbolos políticos cambiaron, y no es así, entonces, hay que aprender a tener varias lupas, así que colega de Ecuador tiene mucho trabajo en la Argentina, empezando por la embajada.

Dra. Marrero: Voy a despejar la expectativa, mi pregunta sobre el MERCOSUR, porque posiblemente estén esperando algo así, pero mi perspectiva, y eso lo quiero mostrar, no como una perspectiva: ¿qué estamos haciendo nosotros acá? Estamos acá, gracias a un proyecto financiado por el MERCOSUR educativo, no podemos negar, tenemos que empezar por ahí, hay estructuras, pero también hay que, simplemente, ver nuestro punto de vista, y para ampliar un poco más el abanico de las perspectivas, es decir, yo he visto, recientemente, en *CNN en español*, un programa específico sobre el MERCOSUR y solamente se mencionaba a Brasil y Argentina, y realmente el MERCOSUR es Brasil y Argentina, claro que son los países más importantes, pero también es verdad que, sin los demás países, eso no serían más que unas relaciones binacionales, entonces, a veces, se siente que nosotros estamos allí, como para justificar que verdaderamente es un bloque, luego hay cuestiones, tenemos problemas de integración muy fuertes, aduaneros, de producción y de todo punto de vista. Siguiendo con la internacionalización, pero cambiando de tema, creo que no es solamente mirar el proceso de Bolonia para conocerlo o asumirlo, sino para saber qué impacto va a tener en nuestros países, porque cuando un licenciado, si yo saco un licenciado, en mi país, en medicina, en siete años y medio, y tiene que continuar, luego, concursar con una especialización, que le lleva otros dos años, y eso me pasa en casi todas las carreras, entonces, yo entiendo la lógica del estudiante que dice: "voy a egresar en esta universidad de la República en diez años con suerte y, si me voy a Europa, tengo un doctorado en mucho menos tiempo". Entonces, es una lógica perversa, porque genera efectos negativos. Me interesaba la cuestión de los universitarios como trabajadores, pensando en la Argentina y, en menor medida, en Uruguay; todos sabemos que un egresado universitario tiene dos perspectivas: uno, trabajar como docente honorario, ad honórem, sin cobrar ningún sueldo para hacer algún tipo de mérito, para después concursar, lo que supone unos niveles de vida, es decir, la capacidad de estar trabajando sin recibir remuneración. Los bajos salarios universitarios, en Uruguay, un licenciado gana la mitad de lo que gana una maestra y no por decir que sea más importante, sino simplemente para decir que no ganan igual, y la segunda y la tercera es también el trabajador y la evaluación, y en la evaluación de los trabajadores, yo tengo la impresión de que, en nuestras universidades, –y en esto voy a actuar un poco como en el MERCOSUR, olvidándome un poco de Brasil, hablando del Río de La Plata– podemos instalar procesos muy importantes, muy interesantes de evaluación estudiantiles hacia los docentes, pero verdaderamente encontramos que con mucha frecuencia las evaluaciones están muy cargadas de connotaciones políticas, en unas universidades muy politizadas, donde importan mucho las opiniones personales de los docentes al momento de ser promovidos, removidos, convencidos a renunciar, etc. Entonces, bueno, yo les quería hacer estas preguntas, porque yo conozco casos en la Argentina, y conozco casos en Uruguay. Entonces, también quería preguntarles cómo se conjuga una evaluación del trabajo, del docente, del investigador, con esta cuestión de la politización, que hace que los parámetros no tengan que ver con la calidad académica, con la productividad.

Público: Lo mío tiene que ver con la internacionalización, mi nombre es Beatriz Ramírez, soy becaria del CONICET, con Valeria Pattacini venimos trabajando, en una red de Universidades Nacionales Del Conurbano Bonaerense, cuáles son las implicancias de la internacionalización en las universidades que conforman la red. En diversos estudios, venimos observando que, cuando se habla de internacionalización, siempre se asocia con movilidad, eso por un lado, si bien es un elemento de la internacionalización, la movilidad no lo es todo. En la Universidad Nacional de General Sarmiento, el proceso de internacionalización es muy incipiente, en realidad tenemos docentes que están altamente internacionalizados, porque hay un porcentaje importante de docentes investigadores, pero lo que observé es que se encuentran internacionalizados ellos mismos por sus propios lazos personales, eso no implica que la universidad tenga el mismo mecanismo, si bien tenemos una persona de gestión que se nos está yendo a Comahue, pero es un gestor comprometido, sino toda la parte administrativa está capacitada, comprometido en su tarea que tenía una función transversal, de ver cuáles son las demandas de docentes, de estudiantes, etc.

La universidad en sí toda no está internacionalizada, en realidad, es una afirmación mía, yo creo que todavía no está del todo internacionalizada, es algo muy reciente. Entonces, qué se hace para no llegar a la fragmentación, cómo integrar las experiencias que tienen los docentes que se encuentran internacionalizados, cómo llevarlo a que sea una función sustantiva de la universidad. Dejo la pregunta: ¿qué se hace desde las políticas nacionales y regionales para no llegar a esta fragmentación de las experiencias individuales de las universidades?

Público: Trabajo en FLACSO y estoy haciendo el doctorado acá, me interesa mucho la internacionalización, en este encuentro escuché dos cosas, por un lado, que se asocia el tema internacionalización a una dimensión que es movilidad, me parece importante, pero no lo es todo. Y también la visión de esa cooperación a la antigua, que es cooperación, proyecto e inversión en la universidad, que es importante, pero tampoco lo es todo.

Por otro lado, en cuanto integración, que es bastante distinto a cooperación, me parece que hay múltiples miradas, y hay que mirar la foto entera. Una cosa es la integración económica, entonces ahí podemos discutir si existe o no existe, los grados de integración, etc. Otra es la integración política, que definitivamente existe, porque si no es desconocer un nivel de institucionalidad, de creación de instituciones, las instituciones son personas, no es que solamente es un tratado, el MERCOSUR existe y, a nivel MERCOSUR educativo, todos estos procesos han tenido una dimensión especial. La pregunta puntual en cuanto a la internacionalización es que siempre miramos a Canadá, o a Holanda, o a España, pero a quién puedo referenciar a nivel nacional, por lo menos del MERCOSUR, que hable de la internacionalización, en un nivel más grande, y no encuentro teóricos o académicos que hayan escrito sobre esto.

Público: Soy de CONICET, hice mi maestría aquí en FLACSO. Lo mío es un comentario. Percibo que seguimos muy anclados en una idea europea. Por ejemplo, nos presentan las cifras de la gente que se va a Europa, a Estados Unidos, ésa es una realidad que pasa hace mucho tiempo, pero situando la mirada un poco más acá, hay un montón de gente con planes, con proyectos de trabajo conjunto, que se están dando en América Latina, así sean minoritarios.

No es gratuito que traigamos un montón de colombianos, de hecho, yo vine de transición y ya llevo seis años acá, y eso pasa también con los chilenos, los ecuatorianos, brasileños, es una gran circulación, que obviamente no tiene la magnitud de la migración a Europa o Estados Unidos. Eso no solo se traduce a una cuestión de que la gente paga en dólares universidades argentinas, sino que se trae también formas de trabajo nuevas, gente que se vincula en grupos de investigación, que hace trabajo en redes. FLACSO es un ejemplo perfecto, la realidad no sólo se limita a que hay tres estudiantes perdidos que no pueden pagar su facultad y vienen. Si bien podemos ser una minoría, creo que esa minoría es suficientemente rica, como para que la Argentina se despierte para hacer uso de ella.

Debería haber una suerte de política para utilizar esa cantidad de recursos –porque en mi caso yo vivo del impuesto de los argentinos–, y mirarnos más a esta realidad de gente que está aquí haciendo.

Acerca de los autores

Norberto Fernández Lamarra

Es director de posgrado de la Universidad Nacional de Tres de Febrero (UNTREF), donde además dirige el Núcleo Inter-disciplinario de Formación y Estudios para el Desarrollo de la Educación y el Programa de Posgrados en Políticas y Adminis-tración de la Educación. Es director de la Revista Argentina de Educación Superior, editada por la Red Argentina de Posgrados en Educación Superior, presidente de la Sociedad Argentina de Estudios Comparados en Educación y director de la Revista Latinoamericana de Educación Comparada.

Daniel Filmus

Secretario de Asuntos Relativos a las Islas Malvinas, Ministerio de Relaciones Exteriores y Culto – República Argentina. Exse-nador de la Nación y presidente de la Comisión de Relaciones Exteriores y Culto 2007-2013. Se ha desempeñado como minis-tro de Educación, Ciencia y Tecnología de la Nación 2003-2007 y secretario de Educación del Gobierno de la Ciudad de Buenos Aires 2000-2003. Desde el 2006, es presidente del grupo de tra-bajo para el *Canje de Deuda por Educación de la* UNESCO. Ha sido miembro del Comité Ejecutivo de la UNESCO y vicepresi-dente por América Latina y el Caribe del Consejo Ejecutivo de la UNESCO 2009-2011, consultor y asesor en distintas organi-zaciones nacionales e internacionales como OES; OEI ID y ha sido director de la FLACSO, Argentina.

Maria Carla Corrochano

Profesora adjunta, Departamento de Humanidades y Educación de la Universidade Federal de São Carlos. Socióloga, magíster y doctorado en Educación de la Facultad de Educación de la Universidad de São Paulo. Ha trabajado en *Género Labs, Travail et Mobilité, Ulisse,* vinculado al Centre national de la recherche scientifique (CNRS), París. Participa en estudios del Grupo de Investigación en Sociología de la Educación de la Universidad de São Paulo, coordinado por la profesora Dra. Marilia Pontes Sposito. Fue asesora de la ONG *Ação Educativa* y consultora de la Organización Internacional del Trabajo (OIT) para la elaboración del Agenda Nacional de Trabajo Decente para los Jóvenes.

Emanuel Damoni

Realizó estudios en Sociología en la Universidad de Buenos Aires y es asesor de la Subsecretaría de Gestión y Coordinación de Políticas Universitarias del Ministerio de Educación de la Nación.

Leandro Pereira de los Santos

Licenciado en Sociología. Maestrando en Sociología en la Universidad de la República Oriental del Uruguay. Realizó cursos de posgrado en: el Diploma en Investigación Social Aplicada a Estudios de Mercado, Publicidad y Opinión Pública (Udelar); y el Curso Iberoamericano de Indicadores y Estadísticas Educativas (Experto Universitario) OEI-UNED. Actualmente trabaja en la Udelar como docente y en el Ministerio de Educación y Cultura, en el Área de Investigación y Estadística, como Asistente Técnico de Investigación. Entre sus publicaciones, se destacan el *Anuario estadístico de Educación para los años 2009,*

2010 y 2011; *Logro y Nivel educativo para los años 2010, 2011* y "La Educación Superior en Uruguay" (con Acuña, J.; Cafferatta, G. ; Marrero, A.), en: Red Iberoamericana de Investigaciones en Políticas Educativas. *La Educación Superior en el Mercosur. Argentina, Brasil, Paraguay y Uruguay hoy*, p 306-375.

María Gabriela Siufi García

Experta Universitaria en Planificación y Gestión de Proyectos de Cooperación para el Desarrollo en los ámbitos de la Educación, la Ciencia y la Cultura (UNED). Magíster Universitario en Innovación y Desarrollo de Competencias en Educación Superior. Itinerario Gestión de Innovación. Universidad de Deusto. Asesora en temas de cooperación internacional universitaria de la Universidad Nacional de Jujuy. Asesora de la Comisión de Asuntos Internacionales en el Consejo Interuniversitario Nacional (CIN).

Kelen Christina Leite

Socióloga, magíster y doctorada en Ciencias Sociales por la Universidade Federal de São Carlos. Realizó una pasantía doctoral en Economía de la Università degli Studi di Milano. Actualmente es profesora adjunta en la Universidad Federal de São Carlos, en el Departamento de Humanidades y Educación, e investigadora de los Grupos de Investigación: Trabajo, Organización Social y Comunitaria, y el Grupo de los Movimientos de Educación, Comunidad y Social.

Mónica Marquina

Doctora en Educación Superior, magíster en Administración de la Educación Superior. Licenciada en Ciencias de la Educación. Investigadora docente *full time* en la Universidad Nacional de General Sarmiento. Directora de la Especialización en Política y Gestión Universitaria (UNGS). Profesora de las asignaturas Política Educacional y Seminario de Educación Comparada (UNGS). Directora del Proyectos de investigación PICT 2013 y 2007 sobre Política y Gestión Universitaria. Directora de Proyectos de investigación UNGS sobre inclusión y graduación en el nivel superior.

Adriana Marrero

Es doctora en Sociología por la Universidad de Salamanca, magíster en Educación (CIEP – IDRC), licenciada en Sociología por la Facultad de Ciencias Sociales de la Universidad de la República Oriental del Uruguay y profesora de Educación Media (IPA). Es profesora de Teoría Sociológica y Sociología de la Educación en el Departamento de Sociología de la FCS-Udelar, e investigadora nivel II del Sistema Nacional de Investigadores. Actualmente, es coordinadora de la RIAPE 3 Uruguay.

Rosana Batista Monteiro

Pedagoga, magíster en Educación por la UNICAMP y doctora en Educación (Fundamentos de la Educación) por la UFSCAr. Actualmente, es profesora adjunta de la Universidad Federal de São Carlos/Sorocaba. Su campo de trabajo, en el cual es una experta reconocida, es Política y Organización de la Educación, educación para las relaciones étnico-raciales y gestión escolar. Ha trabajado en el campo de Políticas Públicas y Educación para las Relaciones Raciales, Educación Superior y Formación de Formadores y de la Educación. Integra LEAFRO – Laboratorio de Estudios Afrobrasileiros/UFRRJ y el GEPEFH – Grupo de estudios sobre Economía Política, Educación y Formación Humana/UFSCar.

Analía Elizabeth Otero

Es doctora en Ciencias Sociales Latinoamericana de Ciencias Sociales (FLACSO), magíster en Diseño y Gestión en Políticas y Programas Sociales (FLACSO). Licenciada en Sociología de la Universidad de Buenos Aires. Actualmente, es investigadora adjunta del CONICET e investigadora principal del Programa de Investigaciones sobre Juventud de la FLACSO, sede académica Argentina, equipo en el que participa desde 1999.

Valeria Pattacini

Licenciada en Relaciones Internacionales. Magíster en Política Pública y Gestión del Desarrollo (GU–UNSAM). Doctoranda en Ciencias Sociales en FLACSO, Argentina. Directora de Relaciones Internacionales de la Universidad Nacional de San Martín, desde 2006. Ha participado en numerosas Conferencias y Seminarios nacionales e internacionales sobre temas de Cooperación Internacional en América latina e Internacionalización de la Educación Superior.

Paula Pogré

Doctora por Universidad Autónoma de Madrid. Licenciada y profesora en Ciencias de la Educación (UBA). En los últimos 35 años, ha desarrollado su actividad en áreas de investigación, docencia y gestión. Actualmente es investigadora docente de la

Universidad Nacional de General Sarmiento, de la Universidad Nacional de Tierra del Fuego y directora del Programa de Apoyo al Sector Educativo del MERCOSUR (PASEM).

Yamile Socolovsky

Docente de Filosofía Política en la Facultad de Humanidades de la UNLP, directora del IEC–CONADU y secretaria nacional de formación, investigación, proyectos y estadísticas de la CTA de los Trabajadores.

Myriam Southwell

Doctorada por el Departamento de Gobierno de la Universidad de Essex, Inglaterra. Magíster en Ciencias Sociales (FLACSO, Argentina). Profesora (1993) y licenciada en Ciencias de la Educación de la UNLP. Actualmente, es secretaria académica de FLACSO Argentina, profesora titular por concurso de la cátedra de Historia de la Educación Argentina y Latinoamericana (UNLP) e investigadora independiente del CONICET. Fue presidente de la Sociedad Argentina de Historia de la Educación, entre 2008 y 2012.

Claudio Suasnábar

Doctor en Ciencias Sociales (FLACSO, Argentina), magíster en Ciencias Sociales con orientación en Educación (FLACSO, Argentina), profesor en Ciencias de la Educación (Universidad Nacional de La Plata). Realizó un posdoctorado en Educación en el Instituto de Educación de la Universidad de Lisboa. Profesor ordinario de Política y Legislación de la Educación, y de Historia y Política del Sistema Educativo en la UNLP, y profesor ordinario de IUNA. Desde 2009, coordina investigaciones en el IEC (Instituto de Estudios y Capacitación) de la CONADU (Federación Nacional de Docentes Universitarios). Investigador categoría 1 – Programa de Incentivos a la investigación, SPU – Ministerio de Educación y Cultura.

Marcelo Tobin

Es médico veterinario por la Universidad Nacional de Rosario y diplomado en Internacionalización de la Educación Superior por la Organización Universitaria Interamericana. Se desempeña como asesor de proyectos internacionales en universidades de la Argentina. Hasta el 2014, fue secretario de Relaciones Internacionales de la UBA. Es jefe de equipo de expertos del Proyecto "Apoyo al Programa de Movilidad MERCOSUR en Educación Superior". Fue director y co-director de varios proyectos internacionales, entre los que se destaca el Proyecto *Alfa Tuning América Latina: Innovación Educativa y Social.* Coordinó (2004–2006 y 2011–2013) la Red de Cooperación Internacional de Universidades Nacionales (RedCIUN).

Este libro se terminó de imprimir en noviembre de 2015 en Imprenta Dorrego (Dorrego 1102, CABA).

www.ingramcontent.com/pod-product-compliance
Lightning Source LLC
Chambersburg PA
CBHW020704270326
41928CB00005B/255